Oetinger

Rüdiger Bertram wurde 1967 in Ratingen geboren. Er studierte Geschichte, Volkswirtschaft und Germanistik und arbeitet als freier Journalist und Schriftsteller. Er schreibt satirische Kurzgeschichten, Drehbücher und Konzepte für Film und Fernsehen, vor allem für Komödien und Sitcoms, und hat bereits einige erfolgreiche Kinderbücher veröffentlicht, zum Teil mit Illustrationen von Heribert Schulmeyer.

Heribert Schulmeyer, 1954 geboren, fand schon als Kind Freude am Zeichnen von Comics, das er bis heute mit Ausdauer betreibt. Er studierte freie Grafik und Illustration an der Kölner Werkschule, machte sich einen Namen mit Comics für Erwachsene und illustriert sehr erfolgreich Kinderbücher. Heribert Schulmeyer arbeitet u. a. auch für die beliebte »Sendung mit der Maus« des WDR und ist Mitbegründer des Papiertheaters »Kölner Kästchentreffen«.

Rüdiger Bertram

Coolman und ich

Ein Comicroman

mit Bildern von Heribert Schulmeyer

Verlag Friedrich Oetinger · Hamburg

Coolman bei Oetinger

Coolman und ich
Coolman und ich - Rette sich, wer kann
Coolman und ich - Ganz großes Kino
Coolman und ich - Ein Job für alle Fälle
Coolman und ich - Bonjour Baguette
Coolman und ich - Voll auf die Zwölf

Für meinen Sohn.
Danke für dein Lachen
und deine Tipps.

MIX
Papier aus verantwortungsvollen Quellen
FSC® C014496
FSC www.fsc.org

Einband und Comics von Heribert Schulmeyer
Druck und Bindung: GGP Media GmbH, Pößneck
Printed 2012
ISBN 978-3-7891-3185-1

www.coolmanundich.de
www.oetinger.de

1. Kapitel
Gestatten — COOLMAN und ich

Stellt euch eine Straße vor. Steil wie eine Skischanze führt sie den Berg hinunter. Am Ende der Abfahrt liegt ein kleiner Park mit einem Teich, der von hier oben winzig aussieht.
Habt ihr das?
Prima.
Stellt euch jetzt einen gelben Müllcontainer vor. So einen mit vier winzigen Gummirädern unten dran, randvoll gefüllt mit ungespülten Joghurtbechern.
Seht ihr ihn vor euch? Könnt ihr den Schimmel riechen?
Okay, dann stellt euch jetzt einen Jungen vor, der bis zum Hals in diesen miefenden Verpackungen hockt und vor Panik lauter schreit als ein Brüllaffe im Tropenhaus, weil dieser dämliche Plastiksarg keine Bremse hat und auf der steilen Straße immer schneller und schneller wird.
Könnt ihr euch das vorstellen?
Sehr gut, denn dann wisst ihr jetzt auch, wer ich bin. Mein Name ist Kai, und ich bin der Junge, der in dem Container um sein Leben brüllt, weil der Lastwagen von rechts erst in letzter Sekunde bremst und da vorne auch schon die nächste Kreuzung kommt.

Bis hierhin war es leicht für euch. Jetzt aber wird es schwer, denn ich bin nicht allein in dem Container.
Stellt euch einen Typen vor mit einem Cape und einer schwarzen Augenmaske, der neben mir sitzt. Er hält seinen Kopf in den Fahrtwind und scheint das auch noch zu genießen.
Und um es euch noch ein bisschen schwerer zu machen, hat er eine bunte Plastiktröte in der Hand, in die er hineinbläst, als wäre er Trompeter bei der 6. Kavallerie. Unterwegs, einen Trupp Siedler vor einer Horde Apachen auf dem Kriegspfad zu retten.

Darf ich vorstellen? Der lebensmüde Typ mit der Trompete neben mir hört auf den Namen COOLMAN.
COOLMAN begleitet mich, seit ich vier bin. Aber nur ich kann ihn sehen. Für alle anderen ist er unsichtbar und das ist auch besser so. Es reicht, dass er mein Leben zu einer endlosen Abfolge von immer katastrophaleren Katastrophen macht. Und – Überraschung, Überraschung! – COOLMAN ist auch schuld daran, dass ich in diesem stinkenden Container sitze und meinem Ende entgegenrase.

Eigentlich hatte der Tag ganz gut begonnen. Ein guter Kai-Tag ist einer, der ohne größere Schicksalsschläge vorübergeht und an dem sich COOLMAN möglichst selten blicken lässt. Was eigentlich auf dasselbe hinausläuft.
Dieser Vormittag war so ein guter Kai-Tag. Die Sonne schien, ich war in der Schule nicht komisch aufgefallen und auch COOLMAN verhielt sich still und unauffällig. Er mag die Schule nicht, genau wie ich. Das aber ist auch schon das Einzige, was uns beide verbindet.

Drei Gründe, warum COOLMAN die Schule nicht mag:
1) Er kann nicht rechnen.
2) Er kann nicht schreiben.
3) Ich habe während des Unterrichts keine Zeit für ihn.

Drei Gründe, warum ich die Schule nicht mag:
1) Sie beginnt zu früh.

2) Sie dauert zu lange.

3) Ich kenne da noch nicht so viele Leute, weil wir gerade erst hierhergezogen sind.

Okay, COOLMAN hat recht. Also, mit den Leuten, nicht mit der 45. Ich kenne hier tatsächlich noch niemanden, sonst säße ich auch nicht in diesem blöden Container. Wenn ich die beiden Jungs gekannt hätte, die auf der Parkbank vor unserer Schule saßen, dann hätte ich die Klappe gehalten, als sie mir ein Bein gestellt haben. Ich wäre einfach aufgestanden und hätte kein Wort gesagt. Außer vielleicht: »'tschuldigung, dass ich über eure Füße gestolpert bin.«

Mein größter Fehler: Ich höre zu oft auf COOLMANs Ratschläge.
»Wenn ihr groß seid, dürft ihr meinen Porsche waschen«, habe ich gesagt, weil ich das mit dem Ferrari etwas übertrieben fand.
Ich wusste ja nicht, dass die beiden die schlimmsten Schläger der ganzen Schule sind. Gefährliche Typen, denen man

AUF GAR KEINEN FALL einen frechen Spruch reindrücken sollte.
Um es kurz zu machen: Die zwei haben mich gepackt, kopfüber in den gelben Container gestopft und auf die Straße geschoben. Das war schlimm, aber noch nicht besorgniserregend. Besorgniserregend war, dass unsere Schule ganz, ganz oben auf dem Berg liegt, den ich jetzt in dem gelben Plastikcabrio mit einem Affenzahn hinunterrase.

Die erste rote Ampel habe ich überlebt. Aber da vorne kommt schon die nächste und die ist wieder rot. Eine grüne Welle war bei meinem Glück auch nicht zu erwarten. Immerhin ist es die letzte Ampel. Dahinter liegt der Park, und wenn ich es bis dahin geschafft habe, stehen meine Chancen nicht so schlecht, lebend aus dem Container zu kriechen.
Langsam habe ich raus, wie ich ihn lenken kann. Wenn ich mich mit Schwung von einer in die andere Ecke schmeiße, macht auch der gelbe Müllflitzer einen kleinen Sprung zur Seite. Das ist dringend nötig, weil ich einen Kleinwagen überholen muss, der vor der roten Ampel hält. Mit knapper Not schramme ich an der Stoßstange vorbei und schaffe es, rechts an ihm vorbeizuziehen. Als ich in Höhe des Lenkrads bin, erkenne ich, wem der Wagen gehört. Hinter dem Steuer sitzt die Maier, meine Lehrerin. Sie starrt mich an, als würde sie gerade von einem Elefanten auf Schlittschuhen überholt.

Aber dazu komme ich gar nicht mehr, weil ich so schnell an ihr vorbei bin. Mir bleibt gerade noch Zeit, ihr zu winken. Die Maier winkt zurück, aber das war nur ein höflicher Reflex, vermute ich. Dann bleibt sie auch schon hinter mir zurück, und ich muss mich darauf konzentrieren, lebend über die letzte Kreuzung zu kommen.

Vorne rechts lockert sich eines der Räder. Kein Wunder, die Dinger sind dafür gebaut, vom Stellplatz zum Müllwagen und wieder zurück gerollert zu werden, und für sonst gar nichts. Für Formel-1-Rennen ist das Material völlig ungeeignet, und eine Boxengasse, in der ich den Reifen wechseln könnte, ist auch nirgendwo zu sehen.

Trotz des Reifenschadens werfe ich mich ein paarmal gegen die Containerwände, um den Autos auszuweichen, die von rechts und links die Straße kreuzen. COOLMAN versucht uns mit seiner Trompete den Weg frei zu tröten. Als wenn das jemand hören würde! Die Trompete höre nur ich, und der Lärm, den COOLMAN Musik nennt, sorgt auch nicht dafür, die Lage zu entspannen. Im Gegenteil. Das liegt daran, dass COOLMAN nur selten den richtigen Ton trifft. Und wenn, dann nur durch Zufall.

COOLMAN liebt schlechte Witze, aber das ist mir jetzt im Moment völlig egal. Die letzte Kreuzung liegt hinter uns und ich lebe noch. Hurra! ICH LEBE NOCH!
Jetzt kann nicht mehr viel passieren. Da vorne ist schon der Park und mit etwas Glück kommt mein Gefährt auf dem Rasen langsam zum Stehen.
Tatsächlich verliert der Container auf dem Parkweg an Fahrt. Ich drehe mich um und schaue zurück auf die steile Straße, die zu meiner neuen Schule führt. Mitten auf den Kreuzungen parken immer noch ein paar verdutzte Autofahrer, die sich nicht erklären können, was da eben an ihnen

vorbeigerauscht ist. Würde mich nicht wundern, wenn die Hotline für Ufo-Sichtungen in den nächsten Stunden dauerbesetzt ist.

Der Container rollt jetzt nur noch ganz langsam über den Rasen auf den Teich zu. Das Wasser ist mit einer übel riechenden Schleimschicht überzogen, weil die Enten hier dichter aufeinanderhocken als Hühner in der Geflügelfarm. KNACK! Das Geräusch kommt von vorne rechts. Das kaputte Rad ist in ein Hasenloch geraten und hat sich endgültig verabschiedet. Die Folge ist, dass sich der Container wie in Zeitlupe zur Seite neigt und seinen ganzen Inhalt, also mich und die ungespülten Joghurtbecher, in das grüne Wasser des Tümpels spuckt.

»Hey, Jungchen, was machst du da?! Wohl verrückt geworden!« Ein Rentner mit einer karierten Schirmmütze auf dem Kopf und einer Tüte Entenfutter in der Hand steht am Ufer und zeigt mit seinem Krückstock auf die Joghurtbecher, die im Teich schwimmen. »Das räumst du alles wieder auf, Jungchen! Aber ruck, zuck!«

Ich nicke nur, weil der Alte nicht so aussieht, als ob er mit mir über Schuld und Unschuld diskutieren wollte. Zum Glück geht mir das Wasser nur bis zu den Knien. Ich wate durch den Schlamm und sammle den Plastikmüll wieder ein, der zwischen den Enten in der Grütze dümpelt.

Der Opa sagt die ganze Zeit kein Wort, dafür plappert COOLMAN ununterbrochen und erzählt mir, wie er einmal das ganze Salz aus dem Atlantik gesiebt hat, bis das Meerwasser so süß wie Limonade schmeckte. Gegen die Arbeit damals seien die paar Joghurtbecher hier gar nichts, sagt er. Es nützt nichts, sich die Ohren oder Augen zuzuhalten. Ich habe das schon ausprobiert. Mindestens eine Million Mal. COOLMAN ist immer da. Man kann ihn nicht einfach abschalten wie einen Fernseher. COOLMAN ist immer auf Stand-by.

Nach einer Viertelstunde bin ich fertig. Der ganze Müll liegt sauber gespült wieder im Container, den ich mit letzter Kraft an Land gezogen habe. Noch mal zehn Minuten brauche ich dann, um herauszufinden, woher das seltsame Gequake kommt.

Erst als ich allen Müll wieder ausgepackt habe, entdecke

ich ein flauschiges Küken, das sich in den gelben Plastiksarg verirrt hat und da allein nicht mehr rauskommt. Der Alte mit dem Krückstock steht daneben, ohne auch nur einen Handschlag zu tun. Der war in seinem früheren Leben bestimmt mal Sklaventreiber auf einer Baumwollplantage. Nicht dass ich wirklich an Wiedergeburt glaube. Aber zum Beispiel COOLMAN: Irgendetwas muss ich in meinem früheren Leben verbrochen haben, dass ich in meinem jetzigen mit COOLMAN bestraft werde. Wahrscheinlich war ich Dracula, Frankensteins Monster oder sonst irgendein Fiesling.

Erschöpft schleppe ich mich auf die Wiese und lasse mich auf das staubige Gras fallen, um meine nassen Sachen von der Sonne trocknen zu lassen.
»Hey, Jungchen! Betreten des Rasens verboten! Runter, aber ruck, zuck!«, brüllt der wiedergeborene Sklaventreiber

und zeigt auf ein winziges Stück Gras, nicht viel größer als ein Handtuch. »Da vorne ist die Liegewiese!«
Müde erhebe ich mich und folge seinem ausgestreckten Krückstock.
Endlich Ruhe. Ich liege auf dem Rücken und blinzle in die Sonne. Sogar COOLMAN neben mir hält den Mund und genießt die wärmenden Strahlen.
Wenn er die Klappe hält, ist er eigentlich gar nicht so schlimm. COOLMAN hat auch seine guten Seiten.

Was für ihn spricht:
1) Ich bin nie alleine.
2)
3)

Zu Punkt zwei und drei fällt mir bestimmt später noch etwas ein. Aber solange ich hier noch keine neuen Freunde gefunden habe, habe ich immerhin COOLMAN, mit dem ich reden kann. Das ist doch was.

Na ja, meistens wenigstens.

Nach fünf Minuten schiebt sich eine dicke, dunkle Wolke vor die Sonne. Kurz danach fängt es an zu schütten. Der Regen prasselt auf mich herab. Aber das ist egal, weil ich ja sowieso schon nass bis auf die Haut bin. Außerdem hat das Gewitter auch sein Gutes: Ich brauche mir keine Ausrede einfallen zu lassen, um meinen Eltern zu erklären, warum ich völlig durchnässt nach Hause komme.

2. Kapitel
Trautes Heim, Glück allein

Als ich daheim ankomme, regnet es immer noch. Wir wohnen erst seit einem Monat in dem kleinen Haus. Im Vorgarten steht noch eine Schaukel von den Vorbesitzern und das ist echt peinlich. Noch peinlicher aber sind die Töpferarbeiten, die meine Mutter danebengestellt hat. Sie hofft, dass irgendwer sie kauft, der hier zufällig vorbeikommt. Doch wer will schon einen hässlichen Tonklotz kaufen, der »Ende aller Hoffnungen« heißt und »nur 150 Euro« kosten soll? So etwas kaufen nur Selbstmörder, denen der Name gefällt und die ihr Geld eh nicht mehr brauchen.

Meine Eltern sind umgezogen, weil sie in der Stadt eine neue Stelle gefunden haben. Die beiden sind Schauspieler und treten im Theater auf. Ihr Vertrag läuft über fünf Jahre, und das ist fast schon eine Ewigkeit, verglichen mit den Kurzgastspielen, die sie sonst gegeben haben. Wir sind schon so oft umgezogen, dass ich einen Reiseführer über die langweiligsten Käffer und die übelsten Schultoiletten Deutschlands schreiben könnte.

Als ich die Tür aufschließe, höre ich meine Mutter und meinen Vater in der Küche. Sie kochen und proben dabei noch einmal ihre Rollen für die Premiere heute Abend. Da sollen sie die Hauptrollen in »Romeo und Julia« spielen. Ausgerechnet Romeo und Julia! Dabei sind die beiden schon uralt! Über 40! Mindestens!

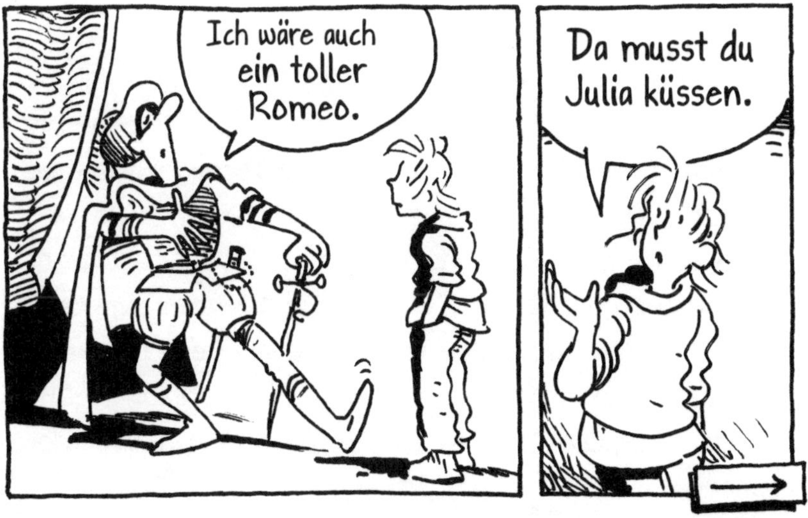

COOLMAN hat noch nie ein Mädchen geküsst. Ich auch nicht.

Ich versuche, unbemerkt in mein Zimmer zu gelangen. Als ich mich an der Küchentür vorbeischleiche, sehe ich, wie meine Mutter und mein Vater an der Spüle stehen und knutschen. Das tun sie ständig, auch wenn sie nicht gerade für ihre neuen Rollen üben. Meine Eltern lieben sich auch nach zwanzig Jahren noch heiß und innig und das ist noch viel peinlicher als die Schaukel und der Tonhaufen im Vorgarten. Ständig halten sie Händchen und geben sich Küsschen, als wären sie frisch verliebte Teenager. Die meisten meiner alten Schulkameraden in den tausend Klassen, die ich schon besucht habe, hatten da mehr Glück. Deren Eltern waren geschieden. Die fahren im Sommer zweimal in Urlaub und zum Geburtstag kriegen sie doppelt Geschenke. Das Beste aber ist: Man kann Mama und Papa toll gegeneinander ausspielen, weil sie sich sowieso nicht mehr leiden können.

Bei meinen Eltern funktioniert das nicht. Die sind immer einer Meinung. Immer.
Auch jetzt. Sie haben kurz mit ihrer Knutscherei aufgehört und mich in den nassen Sachen im Flur entdeckt.
»Zieh dich sofort um! Du holst dir noch den Tod«, rufen sie gleichzeitig, und es ist wirklich beeindruckend, wie sie es schaffen, zeitgleich genau dasselbe zu sagen.

Mein Vater kommt auf mich zugelaufen und beginnt sofort, mich mit Küchentüchern trocken zu rubbeln. Meine Mutter greift sich ans Herz, weil sie um mein Leben fürchtet. Die beiden neigen zu Übertreibungen, das kommt von ihrer Arbeit auf der Bühne.
Erst als die Rolle mit den Papiertüchern alle ist, hört mein Vater auf, an mir herumzureiben. Er geht zum Küchenschrank, um Nachschub zu holen. Ich nutze die Gelegenheit und verschwinde.
»Und zieh dir etwas Trockenes an, hörst du, Kai-Mäuschen!«, ruft meine Mutter mir nach.
Aber das höre ich kaum, weil aus dem Zimmer meiner großen Schwester Anti die Bässe so laut dröhnen. Eigentlich heißt sie Antigone. Meine Eltern haben sie nach einer alten Griechin in einem antiken Theaterstück genannt. Aber schon mit drei begann sie, ihren Namen abzukürzen. Seitdem nennt sie sich Anti und irgendwie passt das auch viel besser zu ihr. Als ich geboren wurde, haben meine Eltern dann höllisch darauf geachtet, mir einen Namen zu geben, den man nicht mehr abkürzen kann. Kai eben.
Bei jedem dumpfen Ton aus Antis Zimmer wölbt sich die Tür im Rhythmus ihrer Musik nach außen, so laut hat sie ihre Anlage aufgedreht. Es sieht fast so aus, als würde ihr Zimmer atmen. Drinnen hat sie alle Wände schwarz angemalt. Das ist immer das Erste, was sie macht, wenn wir umgezogen sind. Anti trägt ausschließlich schwarze Klamotten, sie lackiert ihre Fingernägel schwarz und ihre Haare hat sie

... dreimal dürft ihr raten ... natürlich auch schwarz gefärbt. Wenn sie sich vor eine ihrer Wände stellt, ist sie perfekt getarnt. Nicht einmal ihr bleiches Gesicht ist zu sehen, weil sie ihre langen Haare wie einen Vorhang vor ihren Augen herunterhängen lässt. Ich kann mich schon gar nicht mehr erinnern, welche Augenfarbe sie hat.

COOLMANs geniale Pläne A bis C sind völlig überflüssig. Bei uns in der Familie haben alle blaue Augen. Da ist es ziemlich wahrscheinlich, dass ihre Augen dieselbe Farbe haben, auch wenn man sie nicht sehen kann.
Ich gehe in mein Zimmer und ziehe endlich die nassen Sachen aus. Die Wände in meinem Zimmer sind nicht schwarz, sondern weiß. Es hängen auch keine Poster von irgendwelchen Fußballern oder Bands an der Wand. Ich hasse Poster. Ich kann nicht singen und ich kann auch nicht Fußball spielen. Also werde ich niemals ein Star. Da brauche ich niemanden, der an der Wand hängt und mich ständig daran erinnert.

Aus dem Schrank schnappe ich mir ein paar trockene Klamotten, ziehe sie an und mache es mir auf meinem Hochbett gemütlich. Zeit, Bilanz zu ziehen. Das mache ich jeden Tag vor dem Abendessen. Zuerst das Gute.

Es ist ganz einfach. Alles, was COOLMAN zu den guten Sachen rechnet, landet bei mir automatisch auf der Liste mit den schlechten Dingen, die der Tag gebracht hat. Also fange ich mit den schlechten Sachen an und das sind eine ganze Menge.

Was hat mich heute genervt?
1) COOLMAN
2) COOLMAN
3) COOLMAN
4) COOLMAN
5) COOLMAN
6) die Typen, die mich in den Container gestopft haben
7) COOLMAN
8) der Inhalt des Containers
9) COOLMAN
10) die Fahrt in dem Container
11) COOLMAN
12) das Ende der Fahrt in dem Container
13) COOLMAN
14) der Opa am Teich
15) COOLMAN
16) meine knutschenden Eltern
17) Antis wummernde Bässe
18) COOLMAN
19) COOLMAN
und so weiter.

Bei Punkt 25 höre ich auf. Dabei ist die Liste heute gar nicht mal besonders lang. Aber wie immer landet COOLMAN auf seinen Stammplätzen eins bis fünf und noch auf zahlreichen weiteren.
»Antigone! Kai-Mäuschen! Kinder! Essen ist fertig!«, ruft meine Mutter, ehe ich die kurze Liste der guten Dinge dieses Tages aufstellen kann.

Ich gehe in die Küche, wo meine Mutter schon auf mich wartet. Mein Vater steht im Flur und knipst die Sicherung von Antis Zimmer aus. Das ist der einzige Weg, meine Schwester aus ihrer schwarzen Höhle zu locken. Sein Rufen würde Anti bei dem dröhnenden Bass in ihrem Zimmer sowieso nicht hören.
Kurz darauf schlurft sie in die Küche und lässt sich wie immer wortlos auf den Stuhl mir gegenüber fallen.

Anti lässt ihren Kopf über den Teller mit der dampfenden Suppe hängen. Das macht sie sehr geschickt, weil ihre langen schwarzen Haare dabei wie ein Duschvorhang den Teller vor neugierigen Blicken abschirmen, ohne dabei in die Suppe zu hängen. Es sieht fast so aus, als würde sie ihr Essen inhalieren. Dabei hat sie einfach nur keine Lust, sich mit uns zu unterhalten.
»Hier sind eure Karten für heute Abend, Kinder!«, sagt Mama und schiebt zwei Tickets für die Premiere über den Tisch.

»Ihr sitzt fast ganz vorne, da könnt ihr die bezauberndste Julia aller Zeiten am besten sehen«, ergänzt Papa und beugt sich zu Mama hinüber, um ihr einen Kuss zu geben.
»Der Romeo ist aber auch nicht zu verachten«, gurrt Mama und erwidert den Kuss.
Hinter Antis Haarvorhang ist ein lautes Stöhnen zu hören und mir wird auch gleich schlecht.

»Was hast du gesagt, Kai?«, fragt mein Vater.
»Ich? Gar nichts! Wieso?«, antworte ich schnell.
Meine Eltern haben keine Ahnung von COOLMANs Existenz.
Halt!
Das stimmt nicht ganz.
Als ich fünf war, habe ich ihnen von COOLMAN erzählt.

Damals haben sie gelacht und fanden das niedlich. Als er mich drei Jahre später immer noch auf Schritt und Tritt begleitet hat, fanden sie das nicht mehr lustig. Mama hat gleich ihre Schwester angerufen. Tante Tina geht dreimal die Woche zu einem Psychiater. Sie ist davon überzeugt, dass sie ein uneheliches Kind des amerikanischen Präsidenten ist, was natürlich völliger Quatsch ist, weil sie fast vierzig ist und auch gar nicht braun ist, sondern genauso weiße Haut hat wie Mama.
Mama sagt, Tante Tina hat ein paar kleine Probleme. Papa sagt, Tante Tina spinnt total. Ich glaube, Papa hat recht.
Als Mama Tante Tina damals nach der Telefonnummer von ihrem Seelendoktor gefragt hat, habe ich aufgehört, meinen Eltern von COOLMAN zu erzählen. Seitdem glauben sie, das Problem hat sich erledigt.

»Mama und ich, wir wollten euch beiden noch was sagen«, beginnt Papa, als er die leeren Teller abräumt. »Wenn die Premiere heute ein Erfolg wird, möchten wir uns ein romantisches Wochenende zu zweit gönnen. Nur Mama und ich, wie Romeo und Julia. Ihr habt doch nichts dagegen, oder? Ihr seid ja beide schon groß.«

Antis Haarvorhang fängt leicht an zu zittern. Ich kenne meine Schwester. Auch wenn ich ihre Augen nicht sehen kann, weiß ich genau, was in ihrem Kopf vorgeht. Ein elternfreies Wochenende kommt ihrer Vorstellung vom Paradies ziemlich nahe. Sie wird alle ihre Freunde einladen. Sie wird eine Riesenparty schmeißen.

Sie werden Alkohol trinken, rauchen und die ganze Wohnung verwüsten. Alles wird im völligen Chaos versinken. Ich weiß es, und ich kann nichts dagegen tun, außer ...
»Mama, nehmt ihr mich mit? Papa, bitte, bitte, nehmt mich mit!«, bettele ich und rutsche auf meinem Stuhl nach vorne, um etwas kleiner zu wirken.
»Du bist doch mein großes Kai-Mäuschen. Das schaffst du schon«, antwortet Mama und tätschelt mir aufmunternd den Kopf.
Papa schaut auf die Uhr und sagt: »Wir müssen los, sonst kommen wir zu spät und ohne uns können sie ja schlecht anfangen. Wir sehen uns im Theater.«
Mama gibt mir einen Kuss. Dann schnappen sich die beiden ihre Jacken und gehen.
»Wehe, du verpetzt mich, du Zwerg«, höre ich Antis Stimme drohend hinter ihren Haaren, als die Haustür ins Schloss fällt. »Denn wenn du schön brav bist, darfst du auch ein paar von deinen Freunden zu meiner Party einladen. Vorausgesetzt, sie lassen ihre Sandförmchen und ihre Teddys zu Hause.«
Anti kennt mich genauso lange, wie ich sie kenne, und natürlich weiß sie, dass ich weiß, was sie denkt. Sie weiß ja auch, was ich denke. Diese Party wird über mich hereinbrechen wie eine Lawine. Man sieht den Schnee auf sich zurasen und hat trotzdem keine Chance mehr, ihm auszuweichen. Dann ist der Schnee da und alles ist aus. Aus und vorbei, für immer.

Party? Habe ich da gerade etwas von Party gehört? Das wird cool.
Wir werden tanzen und Spaß haben.
Und danach das Haus wieder aufbauen müssen.
Das ist es wert!

3. Kapitel
Nackte Tatsachen

Romeo und Julia haben uns Geld für ein Taxi dagelassen, damit wir pünktlich zu ihrer Premiere kommen. Anti will aber nicht mit dem Taxi fahren.

»Möchtest du schuld sein, wenn wir das nächste Weihnachtsfest im Freibad feiern können? Ich nicht!«, sagt sie. Aber das ist gelogen. In Wirklichkeit interessiert sie sich null für die Klimaerwärmung. Anti geht es um das Geld, das wir sparen, wenn wir zu Fuß gehen. Sie gibt ihr ganzes Taschengeld für schwarze Farbe aus, da bleibt nicht viel übrig, um an einem sturmfreien Wochenende eine Party zu schmeißen. Es ist schon ein Wunder, dass sie zu Mamas und Papas Premiere Geld für Blumen ausgegeben hat.

»Wo hast du die Tulpen gekauft?«, frage ich sie und zeige auf den Strauß, den sie in der rechten Hand trägt.

»Das sind keine Tulpen. Tulpen gehören zu den Liliengewächsen. Das hier sind Rosen, und die habe ich auch nicht gekauft, sondern die sind von da drüben«, antwortet Anti und zeigt mit dem Strauß auf einen der Vorgärten in unserer Straße. Tatsächlich ragen da nur noch ein paar Blumenstängel blütenlos nackt aus dem Boden.

In ihrem schwarzen Regenmantel schlurft sie neben mir über den Bürgersteig. Ihren Oberkörper beugt sie beim Gehen exakt um 45 Grad nach vorne, damit ihr die Haare auch beim Laufen wie ein Vorhang vors Gesicht fallen.

Keine Sorge, COOLMAN kommt schon wieder auf die Beine. Er ist so eine Art Stehaufmännchen. Was mir Sorgen macht, ist Antis Party.
»Versprich mir, dass du höchstens zwei Leute einlädst, wenn Mama und Papa weg sind«, flehe ich sie an.
Aber das hätte ich mir auch sparen können. Anti hört mich sowieso nicht, weil sie sich ihre Ohren mit ihren Kopfhörern zugestöpselt hat. Bei jedem Drum schwingen ihre Haare nach außen, als wäre sie eine Krähe, die mit den Flügeln flattert. Leider ist sie keine Krähe, sonst kämen wir schneller voran.
Aber das wäre auch wieder blöd, weil an der Straßenecke vor uns die beiden Jungs herumlungern, die mir heute Mittag die Abfahrt in dem Container spendiert haben. Wenn wir langsam genug laufen, sind die zwei vielleicht schon verschwunden, wenn wir die Kreuzung erreichen. Sind sie aber nicht. Es sieht sogar fast so aus, als würden sie auf mich warten. Na prima, jetzt habe ich außer COOLMAN noch zwei weitere Nervensägen, die mich überallhin verfolgen. Prächtige Aussichten!

Ehe ich mich für einen von COOLMANs Vorschlägen entscheiden kann, haben sich die beiden mir auch schon in den Weg gestellt. Sie blockieren den ganzen Bürgersteig, sodass ich nicht an ihnen vorbeikann, ohne sie anzurempeln. Aber darauf warten sie ja nur. Deswegen bleibe ich einfach vor ihnen stehen. Auch Anti hält an, ohne sich die Mühe zu machen, ihre Haare aus dem Gesicht zu streichen, um nachzusehen, wer oder was uns da aufhält.

»Hey, Alter, ist das nicht der kleine Mülleimer-Schumi?!«, ruft einer der beiden.
»Ohne die Joghurtbecher hätte ich ihn fast gar nicht erkannt, echt«, ergänzt der andere und gibt mir mit seiner Faust einen Stoß gegen die Schulter, sodass ich ein paar Schritte nach hinten taumele.
Anti hat ihren iPod ausgeschaltet. Das kann ich aus den Augenwinkeln erkennen, weil ihre Haare jetzt glatt und ruhig über den Ohren liegen.
Dann geht plötzlich alles ganz schnell. Anti schnappt sich zuerst den kleineren der beiden und setzt ihn mit einem Karateschlag außer Gefecht. Er geht sofort zu Boden. Den anderen befördert sie mit einem Judogriff auf den Asphalt. Verwirrt und verängstigt liegen die zwei vor uns auf dem Bürgersteig und haben immer noch nicht kapiert, was da gerade mit ihnen passiert ist.

Es gibt nicht so wahnsinnig viele Momente, in denen ich Grund habe, auf meine Schwester stolz zu sein. Dies ist so einer, und ich werde ihn in goldener Erinnerung behalten, bis ich alt und grau bin. Seit sie sechs ist, hat Anti so ziemlich alle Kampfsportarten trainiert, die es überhaupt gibt auf der Welt: Judo, Karate, Kung-Fu, Taekwondo, Jiu-Jitsu ... einfach alle.

Und warum? Nicht etwa, um sich nachts in dunklen Gassen gegen irgendwelche Unholde verteidigen zu können. Nein, sondern weil sie die schwarzen Gürtel so schick findet.

»Hört gut zu, ihr miesen kleinen Kakerlaken«, zischt Anti hinter ihrem Haarvorhang. »Ihr lasst meinen kleinen Bruder in Zukunft in Frieden, verstanden?«

Die Jungs nicken nur und starren eingeschüchtert hoch zu der schwarzen Ninja-Kämpferin, deren Augen sie nicht sehen können.

»Wie heißt ihr?«, fragt Anti.

»Alex«, flüstert der eine.

»Justin«, wispert der andere.

»Wollt ihr Kais Freunde werden?« Aus Antis Mund klingt das nicht wie eine Frage, sondern wie ein Befehl.

»Klar«, heuchelt Alex.

»Unbedingt«, ergänzt Justin.

»Nichts, was wir lieber täten.«

»Echt!«

»Wirklich wahr, Alter!«

»Okay, dann kommt morgen Abend zu unserer Party. Und bringt ruhig noch ein paar Kumpel mit«, verkündet Anti großzügig.
Anti packt mich am Ärmel und zieht mich weiter.
»Warum hast du die Idioten eingeladen?«, frage ich, als ich sicher bin, dass Alex und Justin mich nicht mehr hören können.
»Warum soll ich sie nicht einladen, wenn sie deine Freunde sein wollen?«, fragt Anti zurück.
»Ich will aber nicht der Freund von zwei Idioten sein!«, rufe ich.
Doch das hört Anti schon nicht mehr, weil sie ihren iPod wieder auf volle Lautstärke gestellt hat. Ich kann das sehen, weil ihre Haare wieder rhythmisch im Takt auf und ab flattern.
Das Theater sieht aus wie ein griechischer Tempel und ist mindestens fünf Nummern zu groß für die kleine Stadt. Des-

wegen ist es meistens auch halb leer. Nur zu den Premieren ist es bis auf den letzten Platz besetzt, weil das Theater dann die Karten an wichtige Leute verschenkt und den Begriff »wichtig« dabei sehr großzügig auslegt. Die Stadt ist so klein, dass sogar der Friseur des Bürgermeisters als wichtig gilt. Obwohl der Bürgermeister fast kahl ist.

Es ist immer wieder erstaunlich, wie schlecht Leute sich anziehen, wenn sie sich besonders schick machen wollen.

An der Treppe im Foyer steht eine kleine Frau in einem rosa Kleid, in dem sie aussieht wie ein eingefärbter Pudel, mit einem Rotweinglas in der Hand. Der Mann neben ihr trägt einen weißen Anzug, der ihm viel zu klein ist, weil sein Bauch zu dick ist. Die paar Haare, die er noch besitzt, hat er quer über seinen Kopf gelegt, um seine Glatze zu verdecken. Das sieht ziemlich blöd aus und irgendjemand sollte es ihm sagen. Aber das traut sich keiner, weil er der Bürgermeister ist.

»Bist du nicht der kleine Baumann?«, spricht er mich an, als ich an der Treppe an ihm vorbeiwill. »Da bist du ja bestimmt mächtig stolz auf deine Eltern, nicht wahr, Sportsfreund?«

Ich stehe auf der zweiten Stufe und bemühe mich, ihm in die Augen zu sehen und nicht auf seine seltsame Frisur zu starren. Ich habe keine Ahnung, was ich antworten soll. Ich habe noch nie mit einem Bürgermeister gesprochen, und dass seine Haare blöd aussehen, kann ich ihm ja wohl schlecht sagen.

»Immerhin spielen sie heute Abend die Hauptrollen in unserem schönen Theater«, ergänzt der rosa Pudel neben ihm.
Erst jetzt wird mir klar, dass der Pudel die Frau des Bürgermeisters ist. Ein echtes Traumpaar!
Ich sehe mich Hilfe suchend nach Anti um, aber die hat sich geschickt abgesetzt und steht an der Theaterbar.
»Das muss doch furchtbar aufregend sein, Sportsfreund«, lässt der Bürgermeister nicht locker und zwinkert mir aufmunternd zu.

Ich weiß, ich sollte nicht auf COOLMAN hören. Aber wenn man völlig überfordert ist und von einem zwinkernden *Sportsfreund* bedrängt wird, erscheinen einem selbst die dümmsten Ratschläge wie unbezahlbare Weisheiten.
»Bei den paar Haaren haben Sie bestimmt keinen Ärger mit Läusen, nicht wahr?«, sage ich höflich und zwinkere dabei unsicher zurück.
Manchmal braucht man die Reaktion gar nicht erst abzuwarten. Manchmal weiß man einfach vorher schon, dass man gerade totalen Mist gebaut hat. Obwohl Läuse nun wirklich ziemlich klein sind, scheinen sie kein gutes Small-Talk-Thema zu sein.
Das Lächeln ist aus den Gesichtern des Bürgermeisters und seiner Frau verschwunden.
»Eigentlich nie«, presst der Bürgermeister zwischen seinen schmalen Lippen hervor. »Entschuldige mich bitte, Sportsfreund. Da vorne ist jemand, den ich dringend sprechen muss.«

Das kann ja nicht schaden. Und vielleicht kann ich mit guten Manieren meine etwas unglückliche Bemerkung tatsächlich wieder wettmachen.
Noch ehe der Bürgermeister mit seiner Frau verschwindet, verbeuge ich mich formvollendet.
Leider habe ich die Entfernung falsch eingeschätzt. Weil ich zwei Stufen höher stehe als sie, knallt mein Kopf mit einem dumpfen Ton gegen die Stirn der Bürgermeistergattin, die sofort bewusstlos auf den roten Teppichboden sinkt. Ihr volles Rotweinglas fliegt durch die Luft und landet auf dem weißen Anzug ihres Mannes.
Von allen Seiten kommen Menschen, die wissen wollen, was passiert ist.
»Tut ... tut ... tut mir leid. Das wollte ich nicht«, stammele ich verzweifelt.

»Das will ich auch sehr hoffen, Sportsfreund«, brummt der Bürgermeister wütend.
In seinem jetzt rot gesprenkelten Anzug kniet er neben seiner Frau, die zum Glück schon wieder zu sich kommt.
In der ganzen Aufregung sind ihm seine Haare verrutscht und hängen fast bis auf die Schulter herunter.
»Was ist denn da los?«, fragt ein Mann.
»Irgendjemand hat die Gattin des Bürgermeisters niedergeschlagen«, antwortet eine Frau.
»Man muss die Polizei rufen«, ruft eine andere.
»Danke, nicht nötig. Es geht schon wieder«, flüstert die Frau des Bürgermeisters und lässt sich von ihrem Mann wieder auf die Beine helfen. »Ich weiß gar nicht, was überhaupt passiert ist. Plötzlich lag ich auf dem Boden.«
Von hinten legt sich mir eine Hand auf die Schulter und zieht mich sanft, aber bestimmt aus dem Kreis der Neugierigen, die immer noch den Bürgermeister und seine Frau umringen.
Die rettende Hand gehört Anti. Sie hat zwei Cola gekauft und reicht mir eine davon. Es scheint sie überhaupt nicht zu interessieren, was da los war, und ich habe nicht die geringste Lust, es ihr zu erzählen.

Ein Gong ertönt dreimal hintereinander, und das ist das Zeichen, dass es gleich losgeht. Eigentlich müsste ich noch aufs Klo, aber dafür ist jetzt keine Zeit mehr. Auch die anderen Besucher gehen zu ihren Plätzen.

Unsere sind gleich in der zweiten Reihe, genau in der Mitte. Sie sind für Anti und mich reserviert, und es gibt sogar einen Zettel mit unseren Namen, der auf der Rückenlehne klebt.

Kaum haben wir uns gesetzt, geht das Licht aus und der Vorhang auf.
Kennt ihr »Romeo und Julia«?
In dem Stück verlieben sich Romeo und Julia ineinander. Sie dürfen aber nicht miteinander gehen, weil ihre Familien total verfeindet sind. Am Ende sind beide tot.
Ein richtiges Gute-Laune-Stück.
Immerhin hat sich der Regisseur ein paar durchgeknallte Sachen ausgedacht, damit auf der Bühne ein bisschen die Post abgeht. Julia ist in dem Stück eigentlich ein Teenager, und

dass ausgerechnet meine Mutter sie spielt, ist auch so eine seiner Ideen. Meine Mutter könnte Julias Oma sein!
Der Regisseur hat eine Menge solcher Ideen. Eigentlich leben »Romeo und Julia« irgendwo in Italien. Bei ihm spielt das Stück in einem Raumschiff, das auf dem Weg zum Mars ist. Keine Ahnung, warum, aber die Bühne ist in grünes Flackerlicht getaucht und links am Rand plätschert die ganze Zeit ein Zimmerspringbrunnen.
Das erinnert mich daran, dass ich dringend pinkeln muss. Ich hätte die Cola nicht trinken sollen, die Anti mir mitgebracht hat. Jetzt ist es zu spät. Ich überlege, ob ich mich durch die Reihen drängeln soll, um aufs Klo zu kommen. Aber ein paar Plätze links von mir sitzt der Bürgermeister in seinem rot-weißen Anzug und schaut immer wieder böse zu mir herüber. Da kann ich unmöglich vorbei, auch wenn der Druck auf meine Blase immer unerträglicher wird.

Es muss einen anderen Weg geben, auch wenn ich keinen blassen Schimmer habe, wie der aussehen sollte. Wenn nur dieser blöde Springbrunnen endlich aufhören würde zu plätschern, ginge es mir schon besser. Vielleicht könnte ich mich auf den Boden fallen lassen und zwischen den Beinen unbemerkt zum Ausgang kriechen. Oder ich könnte ...
Kennt ihr das? Ihr müsst so dringend aufs Klo wie noch nie in eurem Leben, doch ganz plötzlich ist der ganze Druck auf eurer Blase einfach weg. Nicht, weil ihr euch in die Hose gemacht habt, sondern weil etwas anderes, schrecklich Entsetzliches passiert ist.
Genau so geht es mir. Meine Eltern stehen nebeneinander auf der Bühne in diesen lächerlichen Astronautenanzügen, in die der Regisseur sie gesteckt hat, und beginnen sich auszuziehen. Ich meine jetzt nicht, nur den Helm oder die Stiefel. Ich meine, ganz. Völlig ganz. Bis sie nackt sind. Von allen

durchgeknallten Ideen des Regisseurs ist das mit Abstand die durchgeknallteste.
Ich halte mir die Hände vor die Augen. Leider bin ich der Einzige im ganzen Theater.

Als ich zwischen meinen Fingern hindurchlinse, sehe ich, dass sogar Anti ihre Haare aus dem Gesicht gestrichen hat, um besser sehen zu können. Alle außer mir starren meine nackten Eltern an. Es ist der peinlichste, peinlichste, peinlichste Moment meines bisherigen Lebens und das Erstaunliche dabei ist: COOLMAN ist daran völlig unschuldig. Das haben meine Eltern ganz allein ohne seine Hilfe geschafft.
Für die nächsten zwei Stunden fehlt mir jede Erinnerung.

Das Einzige, an das ich mich erinnern kann, ist: Meine Eltern tragen irgendwann wieder ihren Raumanzug.
Meine Schwester applaudiert wie wild und schreit laut Bravo, als das Stück zu Ende ist. Dazu schleudert sie die Tulpen oder Rosen auf die Bühne. Nicht, weil es ihr so gut gefallen hat, sondern weil sie ihren Teil dazu beitragen will, dass die Aufführung ein Erfolg wird. Nur dann wollen meine Eltern am Wochenende verreisen. Mit ihrer geheuchelten Begeisterung reißt Anti das ganze Theater mit. Die Leute sind völlig aus dem Häuschen. Sie brüllen, schreien und toben. Immer wieder müssen meine Eltern auf die Bühne, um sich zu verbeugen.

Das hat zwei grauenvolle Folgen für mich:

1. Antis Party steht nichts mehr im Weg.
2. Das Stück wird nicht sofort abgesetzt, sondern noch häufiger gespielt.

Und ich kann mich nicht entscheiden, welche dieser beiden grauenvollen Folgen dieses grauenvollen Abends die grauenvollste ist.

4. Kapitel
School, sweet school

Als ich am nächsten Morgen aufwache, schlafen meine Eltern noch. Das ist ein großes Glück, weil ich so in Ruhe frühstücken kann. Ich bezweifle, dass ich auch nur einen Bissen runterkriegen würde, wenn Romeo und Julia mir jetzt in ihren Schlafanzügen gegenübersäßen.
Von Anti ist auch nichts zu sehen. Entweder sie ist schon unterwegs zur Schule oder sie macht heute blau. Ich glaube, sie schwänzt.
Wenn ich so mutig wäre wie sie, würde ich ihrem Beispiel folgen. Aber das bin ich nicht. Also trinke ich brav meinen Orangensaft aus und schnappe mir meine Schultasche, ehe meine Eltern doch noch aufwachen und von mir wissen wollen, wie mir ihr Stück gestern gefallen hat.
Habt ihr schon mal das »Es könnte alles noch viel schlimmer sein«-Spiel gespielt? Wenn es so richtig übel läuft und ich denke, schlimmer geht es nicht, stelle ich mir etwas vor, was noch schlimmer wäre. Danach fühle ich mich meistens schon viel besser.
Schlimm ist: Meine Eltern stehen nackt auf der Bühne.
Noch schlimmer wäre: Meine Eltern stehen nackt auf der

Bühne und im Zuschauerraum sitzt einer meiner Klassenkameraden. Dann hätte ich keine andere Wahl, dann müsste ich auswandern. Sofort!

Da hat COOLMAN ausnahmsweise mal recht.

Von mir zu Hause bis zur Schule sind es höchstens fünfzehn Minuten. Ich könnte das Rad nehmen, da wäre ich noch schneller. Aber erstens habe ich es gar nicht so eilig, zur Schule zu kommen, und zweitens geht es ziemlich steil den Berg rauf.
Also gehe ich zu Fuß. Ich bin noch nicht weit gekommen, als sich meine Befürchtung von gestern bewahrheitet. COOLMAN ist nicht mehr mein einziger ständiger Begleiter. Vor der Bäckerei warten Alex und Justin auf mich.

»Hallo, Kai! Wie geht's, Alter? Hast du Hunger?«, ruft Alex und hält mir eine Tüte hin, aus der es verlockend nach Brezeln duftet.
»Was wollt ihr?«, murmele ich.
»Dich begleiten, was sonst, Alter?«, antwortet Alex.
»Nimm dir eine, die sind lecker, echt«, sagt Justin und hält mir die Tüte jetzt direkt unter die Nase.
»Ihr wollt doch nur meine Freunde sein, weil ihr Schiss vor meiner Schwester habt«, erwidere ich. »Aber das braucht ihr nicht. Mir reicht es, wenn ihr mich einfach in Ruhe lasst. Okay?«

Alex und Justin ziehen ihre Stirn in tiefe Falten. Es sieht aus, als ob sie angestrengt über etwas nachdenken würden. Das kann dauern, aber ich habe es nicht eilig.
»Geht nicht, Alter«, sagt Alex nach einer gefühlten Ewigkeit.

»Wir müssen richtig deine Freunde sein. Sonst verprügelt deine Schwester uns wieder, echt«, ergänzt Justin.
»Ich werde mit ihr reden. Sie lässt euch in Ruhe, wenn ihr mich in Ruhe lasst«, versuche ich sie zu überreden.
»Dürfen wir trotzdem zu deiner Party kommen, Alter?«, fragt Alex.
»Das ist nicht meine Party!«
»Dürfen wir echt trotzdem?«, beharrt Justin.
»Von mir aus«, sage ich und schnappe mir die Tüte mit den Brezeln. Die sind sogar noch warm. Mit langen, großen Schritten erklimme ich den Berg, auf dem unsere Schule liegt.
Nach ein paar Metern blicke ich routinemäßig über meine Schulter und sehe, dass die beiden mit einem Abstand von exakt fünf Schritten hinter mir herlaufen, als wären sie zwei ausgesetzte Hunde.
Als ich stehen bleibe, bleiben auch sie stehen. Als ich wieder loslaufe, laufen auch sie wieder los.

Nach fünfhundert Metern reicht es mir. Ich drehe mich um und rufe den beiden »Verschwindet! Haut ab!« zu.
Aber das scheint sie nicht zu beeindrucken.
»Wir wollen nur ganz sichergehen, dass deine Schwester auch sieht, dass wir dich in Ruhe lassen, Alter«, sagt Alex.
»Ich hab doch gesagt, ich erzähle es ihr«, sage ich.
»Echt versprochen?«, fragt Justin.
»Versprochen!«
Alex und Justin zögern noch einen Moment, dann drehen sie sich um und laufen die Straße hinunter.
Das hätte ich mir denken können. Die beiden sehen nicht so aus, als gehörte regelmäßiger Schulbesuch auf der Liste ihrer Lieblingsbeschäftigungen ganz weit nach oben.
Mir kann das egal sein. Ich mache mich an die letzte Etappe. Die letzten Meter sind besonders steil. Ohne Sauerstoffflasche ist der tägliche Schulbesuch hier oben eigentlich gar nicht zu schaffen.

In der Schule führt mich mein erster Gang immer zum Vertretungsplan. Es könnte ja sein, dass eine Stunde ausfällt. Vor dem Plan hat sich schon eine riesige Traube von Schülern versammelt, die sich ihre Nasen an dem Glaskasten platt drücken. Es scheint fast so, als hätte eine Seuche den gesamten Lehrkörper schachmatt gesetzt. Ich drängele mich durch die Menge, um zu sehen, ob auch unsere Lehrer unter den Opfern sind. Sind sie aber nicht.
Es ist auch gar nicht der Vertretungsplan, der meine Mitschüler so brennend interessiert. Es ist ein Zeitungsartikel aus der heutigen Lokalausgabe, den irgendwer mit Tesa an die Scheibe gepappt hat. Über dem Bericht ist ein Foto, und die beiden nackten Menschen, die auf dem Bild zu sehen sind, kommen mir ziemlich bekannt vor. Darüber hat jemand »Kais Eltern bei der Arbeit« gekritzelt.

Um mich zu beruhigen, beschließe ich, in Gedanken das »Es könnte alles noch viel schlimmer sein«-Spiel zu spielen. Aber es funktioniert nicht. Mir fällt einfach nichts ein, was noch schlimmer sein könnte.

Wenn man noch nicht so lange an einer Schule ist, kennt man noch nicht so viele Schüler. Aber das gilt auch umgekehrt: Mich kennt hier auch noch nicht jeder. Allerdings befürchte ich, das wird sich in der nächsten Pause ändern. Das Klingeln der Schulglocke rettet mich. Die Schüler verteilen sich auf ihre Klassen. Als ich allein bin, reiße ich den Artikel von der Glasscheibe und lasse ihn schnell in meiner Hosentasche verschwinden.

Ich habe es nicht eilig, in meine Klasse zu kommen. Je später ich dort ankomme, desto besser.

Als ich den Klassenraum betrete, sitzen schon alle auf ihren Stühlen, und unsere Klassenlehrerin, die alte Frau Maier, ist auch schon da. Sie sieht mich streng an, weil ich zu spät bin, sagt aber nichts.

»Echt cool, deine Eltern«, zischt es von einem der Tische.
»Hochachtung! Hätte ich deinen Alten gar nicht zugetraut«, kommt es von einem anderen.
Es dauert einen ewig langen Moment, bis ich kapiere, dass die anderen den Auftritt meiner Eltern gar nicht peinlich finden. Sind die jetzt alle komplett übergeschnappt?
Ehe ich mich weiter über die geistige Beschränktheit meiner Mitschüler wundern kann, mischt sich die Maier ein und sagt: »Über die Talente von Kais Eltern könnt ihr euch in der Pause austauschen!«
Langsam beruhigt sich die Klasse.
»Denkt dran, dass nächste Woche das Kostümfest unserer Schule ist. Ich hoffe, ihr lasst euch alle eine tolle Verkleidung einfallen.«
Ich hasse Kostümpartys, seit mich meine Mutter in der vierten Klasse in ein Auberginen-Kostüm gesteckt hat, das sie aus dem Theaterfundus mitgebracht hatte. Dabei weiß jeder, dass es auf der ganzen Welt kein Kind gibt, das Auberginen mag. Während der ganzen Party stand ich als lila Gemüse allein in der Ecke, weil den meisten meiner damaligen Mitschüler schon bei meinem Anblick übel wurde.
Erst Antis Party und dann das Kostümfest – das verspricht eine wirklich lustige Woche zu werden. Zum Totlachen, denke ich, als die Maier plötzlich meinen Namen sagt.
»Hast du nicht gehört, Kai? Ich hatte gefragt, ob du und Lena aus dem Kartensaal die Deutschlandkarte holen könnt!«

Lena steht schon an der Tür und wartet auf mich. Was guckt sie mich so komisch an? Ob sie den Artikel heute Morgen auch gelesen hat? Ich glaube nicht, denn in ihrem Blick kann ich weder Spott noch Mitleid erkennen.

Nebeneinander laufen wir über den Flur. Und tatsächlich! Sie hat es schon wieder getan. Ihr Ärmel hat meinen berührt.
Es ist das dritte Mal, und ich wette alle meine Harry-Potter-Bücher, sie macht das mit Absicht. Als wenn der Flur nicht breit genug wäre. Weiter nach links kann ich nicht. Da ist die Wand mit den Garderobenhaken und ich bin nicht besonders gut im Durch-die-Wände-Gehen.
Von unserer Klasse aus gesehen liegt der Kartenraum genau am anderen Ende unserer Schule. Das ist länger als die Strecke, die wir am Wandertag laufen müssen, und wieder einmal typisches Kai-Pech.
Da! Ihr Ärmel hat schon wieder mein Kapuzenshirt gestreift. Sie riecht nach Vanille. Ausgerechnet Vanille. Ich mag Vanille. Jetzt bloß nicht rübergucken, sonst sieht sie, dass ich rot werde. Nicht rübergucken – und hoffen. Hoffen, dass sie nicht auch noch mit mir reden will.
»Als was gehst du denn zu dem Kostümfest?«
Ich tue einfach so, als hätte ich das gar nicht gehört. Da vorne ist die Glastür und direkt dahinter liegt auch schon der Eingang zum Kartenraum.
»Bist du taub? Hallo, Kai! Hier Lena! Ich habe dich was gefragt!« Lena wischt mit ihrer Hand vor meinem Gesicht

herum, als wäre da eine Windschutzscheibe. Ich starre einfach weiter geradeaus. Irgendwann wird sie schon damit aufhören.

»Du hast schöne Zähne«, flüstere ich leise, damit COOL-MAN endlich Ruhe gibt.
»Was hast du gesagt?« Lena sieht mich an, als wäre ich der letzte Idiot.
»Nichts. Ich habe gar nichts gesagt«, nuschele ich, ohne sie anzusehen.
»Du bist wirklich der letzte Idiot, Kai! Nur weil ich eine Zahnspange trage, musst du dich nicht über mich lustig machen.«
Typisch Mädchen! Also hat sie doch verstanden, was ich gesagt hatte. Warum fragt sie dann?
Jetzt ist sie sauer.
Dabei wusste ich das mit der Spange gar nicht, weil ich sie bis jetzt immer nur aus sicherer Entfernung angestarrt habe.
Etwas Gutes hat die Sache aber doch. Lena hält jetzt Abstand, und wir erreichen den Kartenraum, ohne dass sie mich noch einmal berührt.

Der Kartenraum ist toll. Da stehen überall Karten, Globen, ausgestopfte Igel und Füchse und anderes altes Zeug rum, was kein Lehrer mehr braucht. Frau Maier ist die Einzige, die die Sachen noch benutzt. Die anderen Lehrer machen das alles längst mit dem Computer.
Lena zeigt stumm auf die Deutschlandkarte, die aufgerollt in der Ecke steht.
»Sollten wir nicht die Europakarte holen?«, frage ich, weil

ich mich nach der ganzen Aufregung wirklich nicht mehr erinnern kann, was die Maier wollte.
Lena zuckt nur mit den Schultern. Sie weiß es auch nicht, scheint aber zum Glück immer noch keine Lust zu haben, mit mir zu reden.

»Lass uns die Weltkarte nehmen«, schlage ich vor. »Da können wir nichts falsch machen.«
»Wieso?«, fragt Lena einsilbig.
»Na, weil da einfach alles drauf ist«, erkläre ich nachsichtig. Mädchen haben es ja nicht so mit Naturwissenschaften. Da fehlt ihnen der Durchblick, auch was Logik und so angeht.
»Du trägst sie vorne, ich hinten«, schlage ich vor.
»Und wer macht dann die Türen auf?«, fragt Lena.
Da hat sie recht. Daran hatte ich nicht gedacht. Wenn wir beide die riesige Karte tragen, geht das schlecht.

»Einverstanden«, sage ich schnell, ehe Lena mir zuvorkommt. »Du trägst die Karte und ich mache dir die Türen auf.«

Ich habe die Türklinke schon in der Hand, trotzdem drehe ich mich noch einmal zu Lena um.
»Ich nehme die Karte und du machst mir die Türen auf«, sage ich.
Aber dass sie sich auch noch obendrauf setzen kann, sage ich nicht. Dann könnte ja auch keiner mehr die Türen aufmachen. Außerdem hoffe ich, dass sie meinen Vorschlag aus Stolz ablehnt. Tut sie aber nicht. Lena nickt nur und öffnet mir die Tür. Mädchen besitzen eben einfach keinen Stolz.
Die Karte ist furchtbar schwer, und sofort bereue ich, dass ich auf COOLMAN gehört habe. Wir hätten doch lieber die Deutschlandkarte nehmen sollen, die ist bestimmt leichter. Da ist ja auch nicht so viel drauf.
Lena läuft auf dem Flur vorneweg, um mir die Türen aufzumachen. Das ist gut, das hält sie auf Distanz. Durch fünf Türen sind wir schon durch, da taucht am Ende des Flurs unser Klassenzimmer auf.
Auf dem Weg ist die Karte immer schwerer geworden. Ich kann sie kaum noch tragen und spüre, wie ich langsam nach vorne überkippe. Um nicht umzufallen, muss ich ganz lange Schritte machen. Dabei werde ich immer schneller, zu schnell für Lena jedenfalls, die die Tür zu unserer Klasse nicht mehr vor mir aufbekommt.
RAWUMM! Die Spitze der Karte geht durch die dünne Tür wie durch Butter. Australien und Asien sind schon in der 6a, Europa und Amerika bleiben zusammen mit mir draußen auf dem Flur stecken.

Nur mit Mühe gelingt es mir, die Karte zurück in den Flur zu zerren. Lena steht neben mir, als hätte sie mit alldem gar nichts zu tun. Dabei wäre das nicht passiert, wenn sie schnell genug die Tür aufgerissen hätte.
Die Maier streckt ihren Kopf durch das Loch in der Tür, um zu sehen, was auf dem Flur los ist.
»Kai, Kai, Kai!«, murmelt sie kopfschüttelnd und zieht ihre Mundwinkel noch tiefer nach unten. Das sieht lustig aus, weil man nur ihren Kopf sehen kann. So wie bei ausgestopften Jagdtrophäen, die an der Wand hängen.
»Kai, Kai, Kai!«, wiederholt sie, ohne sich weiter um das Loch in der Tür zu kümmern. »Das ist die falsche Karte!«

»Mit wem redest du da eigentlich?«, fragt die Maier.
»Das tut er schon die ganze Zeit«, petzt Lena.
Und ich hatte geglaubt, sie hätte davon gar nichts mitbekommen. Falsch gedacht. Jetzt bin ich endgültig der letzte Idiot, dessen Eltern nackt auf der Bühne stehen, der mit Landkarten Türen einrennt und Selbstgespräche führt. Ab jetzt wird es richtig hart.

Ich antworte ihm nicht. Ich werde ihn einfach nicht mehr beachten. Genau das werde ich tun.

5. Kapitel
Auf Shoppingtour

Als es zur Pause läutet, habe ich einen Entschluss gefasst. Für heute ist mein Bedarf an Schule gedeckt und auch auf die blöden Kommentare zum FKK-Auftritt von Romeo und Julia kann ich gut verzichten. Ich muss nur noch einen guten Grund für einen ehrenvollen Abgang finden.

Drei Wege, um früher aus der Schule nach Hause zu kommen:

1) Ich springe vom Schuldach, breche mir ein Bein und lasse mich von einem Krankenwagen nach Hause fahren. Dann hätte ich drei Wochen Ruhe. Mindestens.

2) Ich erzähle von den seltsamen Punkten im Gesicht von Onkel Shangri, der gerade aus Indien bei uns zu Besuch ist und der gesagt hat, dass in seinem Dorf kurz vor seiner Abreise die Pest ausgebrochen sei.

3) Ich esse eines von den Rührei-Brötchen, die unser Hausmeister während der Pause in seinem Kiosk verkauft.

Oder du lässt einen Tiger frei.
SCHNALZ
Dann können alle nach Hause!
Zumindest die Schnellen.
KOTZ!

Ich verwerfe COOLMANs Vorschlag, weil ich kein guter Sprinter bin. Stattdessen entscheide ich mich für die Variante Rührei-Brötchen. In den Pausen verkauft unser Hausmeister belegte Brötchen, Schokoriegel und Kakao zu Wucherpreisen. Er kann sich das leisten. Der nächste Supermarkt liegt im Tal, und um den zu erreichen, müsste man den Schulberg erst runter- und dann wieder rauflaufen. Das ist in einer Pause gar nicht zu schaffen. Deswegen kann der Hausmeister für seine Brötchen verlangen, was immer er will. Aber sein Monopol reicht ihm nicht. Er will das ganz große Geld machen und verkauft die Reste vom Vortag als frische Ware – so lange, bis der flauschige grüne Schimmel auf den Brötchen nicht mehr zu übersehen ist.

Unter den Schülern, die keine Zeit hatten, für ihre Klassenarbeit zu lernen, sind besonders die Rührei-Brötchen beliebt. Nach zwei Bissen bricht dir der kalte Schweiß aus, nach dem dritten wirst du grün im Gesicht, nach dem vierten wälzt du dich mit Magenkrämpfen auf dem Boden und spätestens nach dem fünften Bissen schicken dich die Lehrer nach Hause oder direkt ins Krankenhaus. Kein Wunder, dass die alten Rührei-Brötchen doppelt so teuer sind wie die frischen.

»Hey, Kai, komm doch zu uns! Wir lassen dich vor«, ruft plötzlich eine Stimme.

Es ist Alex, der neben Justin ganz vorne in der Schlange steht. Es scheint, als ob die beiden sich doch noch entschlossen haben, kurz vorbeizuschauen.

Ich zögere einen Moment, dann nehme ich ihr Angebot an. Je schneller ich hier raus bin, desto besser. Ich laufe an der Schlange vorbei, immer darauf gefasst, dass mir jemand ein Bein stellt oder »Vordrängeln gilt nicht« motzt. Passiert aber nicht. Im Gegenteil. Die anderen Schüler machen mir Platz und starren mich fast schon ehrfürchtig an. Es fehlt nicht viel und sie werfen sich vor mir auf den Boden.

Ich nicke Justin und Alex wortlos zu und stelle mich ganz vorne in die Schlange. Ich tue so, als würde ich das Raunen in meinem Rücken nicht hören, und bestelle ein Rührei-Brötchen von vorgestern.

»Das macht drei Euro!« Der Hausmeister reicht mir das Brötchen und grinst mir verschwörerisch zu.

»Lass stecken! Ich lade dich ein, echt«, sagt Justin, als ich bezahlen will.

»Danke«, murmele ich, drehe mich um und gehe.
»Wir sehen uns heute Abend auf deiner Party, Alter«, ruft Alex mir nach.
Das Raunen wird lauter. Na super, jetzt wissen alle, dass es heute Abend bei mir zu Hause eine Party gibt.

Genau so wird es kommen und ich kann nichts dagegen tun. Mit meinem Rührei-Brötchen mache ich mich auf die Suche nach dem Lehrer, der in der Pause Aufsicht hat. Es ist Kauffmann, unser Sportlehrer. Ausgerechnet Kauffmann! Früher war er mal Amateur-Vizemeister im Boxen und hat dabei zu wenig auf seine Deckung geachtet. Sein Kopf hat ein paar Treffer zu viel abbekommen und deswegen dauert bei ihm alles immer etwas länger.

Ich stelle mich ein paar Meter neben ihn. Das Ei schimmert tatsächlich schon leicht grünlich, das kann ich sehen, als ich hineinbeiße. Nach dem zweiten Bissen nimmt mein Gesicht dieselbe Farbe an. Ich drehe mich so, dass Kauffmann es sehen muss. Tut er aber nicht. Kauffmann reagiert mal wieder zeitverzögert, und mir bleibt nichts anderes übrig, als ein drittes Mal herzhaft in das Brötchen zu beißen. Sofort krampft sich mein Magen zusammen. Endlich bemerkt das auch Kauffmann.

»Mein Gott, Kai! Wie siehst du denn aus? Du musst sofort ins Bett«, ruft er, und das lasse ich mir nicht zweimal sagen.

Wegen der Magenkrämpfe, die mich immer wieder zum Anhalten zwingen, brauche ich für den Weg nach Hause doppelt so lange wie gewöhnlich. Als ich daheim ankomme, parkt ein Taxi vor unserem Haus. Der Fahrer blättert gelangweilt in einer Zeitung, bis er auf die Seite mit dem Bild meiner Eltern stößt. Die Besprechung des Theaterstücks scheint ihn zu interessieren. Aber wahrscheinlich ist es doch nur das Foto.

Im Flur stolpere ich über eine Reisetasche. Romeo und Julia haben ihre Mäntel an und sind schon auf dem Sprung. Anti steht schweigend dabei, als wollte sie kontrollieren, dass meine Eltern auch wirklich verschwinden.

»Kai-Mäuschen, schön, dass wir dich noch sehen!«, begrüßt mich meine Mutter und gibt mir einen Kuss.

»Wir müssen los, das Taxi wartet schon«, drängelt mein Vater. Er kniet sich auf den Boden, um mich in den Arm zu nehmen. »In zwei Tagen sind wir wieder da, mein Großer!«

Wortlos krame ich aus der Tasche den Zeitungsausschnitt, der am Vertretungsbrett hing. Anklagend halte ich ihn meinem Vater unter die Nase.

»Hast du dich auch so über unsere guten Kritiken gefreut?«, sagt meine Mutter und nimmt mir die Zeitung aus der Hand. »Toll, nicht wahr?«

»Das ist alles nur der bezaubernden Julia zu verdanken«, sülzt mein Vater.

»Was wäre Julia ohne ihren Romeo«, säuselt meine Mutter zurück. Dann küssen sie sich wieder.

Es ist hoffnungslos.
»Pass gut auf deine Schwester auf!«, ruft mein Vater, als er mit der Reisetasche nach draußen läuft.
Meine Mutter folgt ihm, dann bleibt sie plötzlich stehen und dreht sich noch einmal zu mir um. »Was machst du überhaupt schon hier? Hast du nicht noch Schule?«
»Mir war schlecht.«
Für einen kurzen Moment zögert meine Mutter, ob sie ihren kranken Sohn wirklich alleine lassen kann. Ich hätte den Rest des Rührei-Brötchens auch noch essen sollen. Dann sähe ich überzeugender aus. Habe ich aber nicht und der lange Spaziergang den Berg hinunter hat mir meine gesunde Gesichtsfarbe zurückgegeben.
»Keine Sorge, ich kümmere mich schon um Kai«, mischt Anti sich ein und legt mir heuchlerisch ihren Handrücken auf die Stirn. »Fieber hat er keins, kann also nicht so schlimm sein.«
Der kurze Moment des Zweifels ist vorüber. Meine Mutter beugt sich zu mir herunter und gibt mir einen dicken Abschiedsschmatzer auf die Wange.
»Dann leg dich gleich etwas hin, Kai-Mäuschen. In der Küche liegt Geld, damit ihr nicht verhungert. Wir bringen euch auch was mit!«, verspricht sie und folgt ihrem Romeo zum Taxi.
»Antigone will eine Par…« Weiter komme ich nicht.
»Noch ein Wort und du bist tot!«
Mit der einen Hand winkt Anti meinen Eltern, ihre andere hat sich von hinten um meinen Hals gekrallt.

»Winken!«, zischt Anti mir zu.
Man muss wissen, wann man verloren hat. Ich hebe meine Hand und winke meinen Eltern, die schnäbelnd in das Taxi steigen. Sie winken durch das Heckfenster zurück und sind kurz danach auch schon hinter der nächsten Straßenecke verschwunden.

»Komm, wir fahren einkaufen«, verkündet Anti und klimpert mit Papas Autoschlüssel. »Damit unsere Gäste heute Abend nicht hungern müssen.«
»Du darfst nicht Auto fahren! Du hast keinen Führerschein! Du bist erst 16!«, stammele ich entsetzt.
Statt einer Antwort krallt sich Antis Hand noch kräftiger um meinen Hals. Sie schiebt mich vor sich her bis zu unserem alten Mercedes.
»Einsteigen!«, befiehlt Anti.
»Wir haben doch gar kein Geld, um eine Party zu schmeißen«, versuche ich das Unvermeidliche aufzuhalten.
Anti greift in ihre Tasche und holt zwei Fünfzigeuroscheine heraus, die sie triumphierend in die Luft hält.
»Woher hast du das?«
»Romeo und Julia haben doch gesagt, wir sollen nicht verhungern.«
Anti steigt ein und schiebt den Sitz nach vorne, damit sie den Lenker und das Gaspedal erreichen kann. Geschlagen klettere ich auf den Beifahrersitz und lege den Sicherheitsgurt an.

»Feigling!«, knurrt Anti.
Sie startet den Wagen und rollt die Ausfahrt hinunter. Dabei nimmt sie die Abkürzung durch unseren Vorgarten und macht Mamas Tongebilde platt.

»Keine Sorge, das ist nicht das erste Mal, dass ich mir den Wagen ausleihe. Das mache ich öfters, wenn Mama und Papa im Theater sind«, erklärt Anti und schaut grinsend zu mir herüber.
Das sollte sie lieber nicht tun, weil genau in dem Augenblick, als sie auf die Straße einbiegt, ein Paketwagen von links kommt. Vor Angst kneife ich die Augen zu und warte auf den Knall. Aber außer ein paar quietschenden Bremsen und aufgeregtem Hupen bleibt es überraschend still.
»Du musst mir sagen, wenn eine rote Ampel auftaucht. Du weißt doch, ich bin farbenblind«, höre ich Antis Stimme.

Schnell reiße ich meine Augen wieder auf, kann aber nirgendwo eine Ampel erkennen. Ich frage mich sowieso, wie sie hinter ihren langen Haaren überhaupt etwas sehen kann. Vielleicht sieht sie auch gar nichts, sondern fährt nach Gehör? Aber das kann auch nicht sein, weil sie ihren iPod wieder voll aufgedreht hat.
»Da vorne halb links, dann scharf rechts, danach eine leichte Linkskurve!«, brülle ich vorsichtshalber und leite sie so sicher durch den Verkehr bis zum nächsten Supermarkt.

Ich weiß nicht, wie, aber irgendwie erreichen wir unfallfrei den Parkplatz des Supermarktes. Nur beim Einparken nietet Anti zwei Einkaufswagen um. Aber das ist mir egal und meiner Schwester scheinbar auch.
Anti steigt aus, schnappt sich einen der zerbeulten Wagen, die sie angefahren hat, und macht sich auf den Weg in den Laden.
»Was brauchen wir denn? Ein bisschen Salat? Etwas Obst? Wir könnten uns eine DVD holen. Dann machen wir uns einen richtig gemütlichen Abend. Und dazu gönnen wir uns eine Packung Schokoladeneis. Was meinst du?«, unternehme ich einen allerletzten Versuch, meine Schwester doch noch zu einem Fernsehabend zu zweit zu überreden.
Aber Anti hat keine Lust auf einen Fernsehabend zu zweit. Sie hat Lust auf Party. Ohne Zwischenstopp läuft sie mit dem eiernden Einkaufswagen an der Gemüse- und Obstabteilung vorbei und nimmt Kurs auf das Regal mit den Süßigkeiten und dem Knabberzeugs. Sie macht sich keine Mühe, mit Liebe und Sorgfalt die besten Sachen auszuwählen. Wahllos fliegen die Tüten in den Wagen, als müssten wir Vorräte für mindestens drei Monate anlegen.
»Los, mach mit«, fordert Anti mich auf. »Das macht Spaß!«
Zögernd nehme ich eine Tüte Gummibärchen aus dem Regal und werfe sie in den Wagen. Dann noch eine und noch eine und noch eine. Anti hat recht, das macht wirklich Spaß. Ich kann gar nicht mehr aufhören, bis der Wagen endgültig überquillt und Anti »Stopp, das reicht!« ruft. Sie schnappt

sich den Wagen und schiebt ihn zu dem schmalen Durchlass, durch den wir hereingekommen sind.
»Die Kasse ist da vorne«, versuche ich Anti in die richtige Richtung zu dirigieren, weil sie wahrscheinlich hinter ihren Haaren nicht so gut sehen kann, wo die Kassen sind.
»Wer sagt denn, dass ich zur Kasse will«, antwortet Anti. »Wenn ich sage ›Lauf!‹, dann läufst du!«
»Das ist nicht dein Ernst«, frage ich entsetzt zurück.
»LAUF!«
Anti setzt sich mit dem Wagen in Bewegung. Sie hält direkt auf die klapprige Sperre zu, die verhindern soll, dass Kunden den Laden verlassen, ohne zu bezahlen.
Was bleibt mir übrig? Ich renne ihr hinterher und weiß plötzlich genau, was sie vorhat: mit dem vollen Wagen die Sperre durchbrechen, raus auf den Parkplatz, das Zeug ins Auto schmeißen und mit Vollgas auf und davon.

»Hey, ihr da! Was soll das? Stehen bleiben!«, ruft der Marktleiter und stellt sich Anti in den Weg.
Anti denkt gar nicht daran. In letzter Sekunde kann sich der Mann mit einem Sprung zur Seite retten, sonst hätte meine Schwester ihn überfahren.
Kurz danach knallt sie mit einem gigantischen Scheppern gegen die Sperre, die massiver ist, als sie aussieht, und Anti unsanft zum Halten bringt. Die Hälfte der Tüten landet neben meiner Schwester auf dem Boden.
Der Marktleiter steht neben ihr und sieht wütend auf sie herunter.

COOLMAN hat viele, viele, viele schlechte Seiten. Aber dumm ist er nicht.
Ich laufe auf Anti und den Marktleiter zu und rufe schon von Weitem: »Wie geht es dir, meine arme blinde Schwester, die seit ihrer Geburt nichts, aber auch gar nichts sehen kann?«
»Das Mädchen ist blind?« Der Marktleiter sieht mich fragend an.
»Können Sie das nicht sehen, Frau Marktleiterin?«, antwortet Anti hinter ihren langen Haaren. Sie ist mindestens genauso clever wie COOLMAN.
»Sie war auf der Suche nach der Kasse«, erkläre ich.
»Und ich dachte …«, stottert der Marktleiter.
»Sie haben doch wohl nicht gedacht, dass ich klauen will?«, fragt Anti entsetzt. Das macht sie wirklich gut.
»Nein, nein, auf keinen Fall«, stammelt der Mann und wird ganz rot.

Er hilft Anti auf die Beine und sammelt auch die verstreuten Tüten wieder auf. Dann bringt er uns zur Kasse und schenkt jedem von uns eine Tafel Schokolade.
Der Inhalt des Einkaufswagens kostet genau 99,50 Euro. Anti steckt die 50 Cent Wechselgeld ein, und ich führe sie an der Hand nach draußen, weil der Marktleiter uns noch immer mitleidig beobachtet und uns fürsorglich bis vor die Tür folgt.
Wir packen die Sachen in den Wagen und Anti setzt sich hinter das Steuer. Als sie an dem Marktleiter vorbeifährt, hupt sie einmal und ich lächle ihm freundlich zu. In Zukunft werden wir uns wohl einen anderen Supermarkt suchen müssen.

Abgesehen davon, dass Anti den Wagen konstant auf der Mittellinie hält, statt auf ihrer Seite der Straße zu bleiben, verläuft die Rückfahrt erstaunlich ereignislos.

COOLMAN übertreibt. Zugegeben, ab und zu hat es seltsam geruckelt unter dem Wagen. Aber das war bestimmt nur so eine Welle zur Verkehrsberuhigung. Glaube ich.

6. Kapitel
Die Mutter aller Partys

Das Schlimmste an jeder Party ist die Zeit vor der Party. Wenn alles vorbereitet ist und man auf die ersten Gäste wartet. Das war bei meinen Kindergeburtstagen auch nicht anders. Mal abgesehen davon, dass ich früher gebetet habe, dass überhaupt jemand kommt. Jetzt bete ich, dass niemand kommt.

> Lieber Gott, lass es schneien oder stürmen,
> lass Bäume sich auf Straßen türmen.
> Sorg, bitte, bitte, nur dafür,
> dass niemand geht vor seine Tür.
> Dann will ich immer artig sein
> bei Regen, Sturm und Sonnenschein.

Stimmt schon, man sollte den alten Herrn da oben nicht mit Kleinigkeiten belästigen. Man sollte ihn nur um etwas bitten, wenn man wirklich in äußerster Not ist. Wenn man kurz davor ist, sein geliebtes Heim zu verlieren, und die konkrete Gefahr besteht, von seinen Eltern verstoßen zu werden. So wie ich!

Ich weiß wirklich nicht, warum COOLMAN sich ausgerechnet mich ausgesucht hat. Wir beide haben nichts gemeinsam, aber auch gar nichts. Er passt viel besser zu Anti. Er und meine Schwester würden sich prima verstehen, auch wenn COOLMAN sich nicht die Fußnägel lackiert. So wie Anti, die neben mir auf dem Sofa sitzt und mit der linken Hand den Nagel ihres rechten dicken Zehs schwarz anpinselt, um sich für die Party schick zu machen.
Es ist ein Wunder, dass sie überhaupt sieht, was sie da tut. Nicht wegen ihrer langen Haare, sondern weil es im ganzen Haus so furchtbar düster ist, nachdem sie die Wohnung für ihre Party vorbereitet hat.

Drei Dinge, die für Anti zu einer stilvollen Party-Dekoration gehören:

1) schwarze Luftballons
2) schwarze Luftschlangen
3) eine schwarze Girlande, auf der »Herzlich willkommen« steht.

Außerdem hat sie die Fenster mit schwarzer Pappe verdunkelt, als würden wir einen Bombenangriff erwarten, und Papas Energiesparlampen durch rote Glühbirnen ersetzt. Das Wohnzimmer leuchtet im rötlichen Schein der Glühbirnen und sieht aus wie ein U-Boot auf Schleichfahrt.

Tatsächlich! Es klingelt. Anti kümmert sich nicht darum, weil ihr Nagellack noch nicht trocken ist. Es klingelt erneut, aber Anti macht immer noch keine Anstalten, aufzustehen. Vielleicht ist sie in letzter Sekunde doch noch zur Vernunft gekommen.

»Soll ich mal nachgucken, ob was Spannendes im Fernsehen kommt? Chips haben wir ja genug ...«

»Mach auf, Kai! Oder willst du unsere Gäste ewig warten lassen?«, unterbricht mich Anti.

»Aber die wiederholen heute Abend den SCHUH DES MANITU.«

»Nerv nicht, sonst darfst du nicht mitfeiern!«, erwidert Anti und verdreht die Augen hinter ihren langen Haaren. Vermute ich zumindest, weil sie hinter den Haaren natürlich nicht zu sehen sind.

Nichts, was ich nicht lieber täte, als an dieser Party teilzunehmen. Aber einer muss ja nach dem Rechten sehen und

aufpassen, dass die bevorstehende Orgie nicht völlig aus dem Ruder läuft.
Es klingelt jetzt Sturm. Ich schleiche zur Tür und öffne. Vor mir stehen drei Typen, die genauso farbenfreudig gekleidet sind wie meine Schwester. Jeder von ihnen trägt eine Palette Dosenbier auf der Schulter.
»Herzlich willkommen! Mein Name ist Kai, und ich möchte euch bitten, euch zu benehmen und vor allem die Stereoanlage meines Vaters nicht anzurühren. Mein Vater ist da etwas eigen«, begrüße ich die drei.
Aber das hätte ich mir auch sparen können. Ohne mich zu beachten, schlurfen sie an mir vorbei.
»Könnt ihr bitte die Schuhe ausziehen!«, rufe ich ihnen hinterher. Aber auch das scheint sie nicht zu interessieren.
Der eine setzt sich zu Anti aufs Sofa, der andere schleppt das Bier in die Küche und der Dritte macht sich direkt an Papas 15000-Euro-Anlage zu schaffen. Kurz darauf dröhnt Musik aus den Boxen.
Kein Zweifel: Die Party hat begonnen.
Jetzt geht es Schlag auf Schlag. Ich brauche die Haustür gar nicht mehr zuzumachen. Ständig läutet es und wildfremde Menschen drängen in unser Haus.
Ich frage mich, woher Anti die vielen Leute kennt, wo sie doch so gut wie nie vor die Tür geht. Wahrscheinlich sind das alles irgendwelche Internetbekanntschaften, die meine Schwester bei Schüler-VZ oder Facebook kennengelernt hat. Wahrscheinlich hat sie die Einladung auf ihrer Website

online gestellt, und alle Internetnutzer, die es überhaupt gibt auf der Welt, haben sie gelesen. Das sind über eine Milliarde. Wenn nur jeder Hunderttausendste davon für einen Moment vorbeischaut, sind das …

Die ersten Hundert von den 10 000 sind schon da. Sie sind überall. Im Wohnzimmer, in der Küche, im Bad und sogar in meinem Zimmer. Obwohl ich ein »Zutritt strengstens verboten«-Schild an die Tür gehängt habe. Aber als ich kurz hineinschaue, liegt ein Pärchen auf meinem Bett und knutscht.

»Das ist *mein* Bett!«, brülle ich, weil die Musik draußen so laut ist.

Für einen Moment schauen mich die beiden überrascht an. Peinlich scheint ihnen das Ganze nicht zu sein. Ich würde vor Scham sterben. Auf der Stelle.
»Schon okay, wenn du schlafen willst, sag uns einfach Bescheid. Dann machen wir dir ein bisschen Platz«, brüllt das Mädchen zurück und knutscht ungerührt weiter.
Leise schließe ich die Tür, um die zwei nicht länger zu stören.
Als ich zurück ins Wohnzimmer komme, haben ein paar Jungen begonnen, mit leeren Bierdosen Fußball zu spielen. Das Tor bilden die großen Porzellanvasen, die Mama aus Asien mitgebracht hat. Zumindest so lange, bis sich die Jungen nach zwei Pfostentreffern ein neues Tor suchen müssen. Zwischen den Kickern tanzen ein paar Mädchen zu der Musik oder was auch immer da aus den Boxen dröhnt. Es ist nicht so leicht, zwischen den wummernden Bässen eine Melodie auszumachen. Genauso gut könnte man mit einem Vorschlaghammer rhythmisch gegen eine Wand schlagen. Das hätte musikalisch dieselbe Qualität. Ein paar der Mädchen tanzen auf der Glasplatte unseres Couchtisches, als wären sie von der Stiftung Warentest, die herausfinden will, wie viele hüpfende Menschen ein Glastisch aushält. Die Antwort ist: acht.
Während ich die Scherben zusammenkehre, halte ich Ausschau nach Anti. Aber von der ist weit und breit nichts zu sehen. Dafür sind jetzt Alex und Justin aufgetaucht. Jeder von ihnen hat einen Beutel Salzstangen in der Hand. Alex

winkt mir zu, während Justin mit den Salzstangen die Fische in Papas Aquarium füttert. Zum Glück ist es ein Meerwasserbecken.

Es läutet wieder. Ich laufe zur Tür, um die Nachzügler abzuwimmeln.

»Wegen Überfüllung geschlossen«, will ich gerade sagen. Da sehe ich, dass das gar keine von Antis Bekannten sind, die vor der Tür stehen. Es sind Lena und noch ein paar andere aus meiner Klasse.

»Hey, Kai«, begrüßt mich Lena, und ein Hauch von Vanille steigt in meine Nase. »Ich habe gehört, du schmeißt 'ne Party!«

»Äh, ja ... irgendwie schon ... ich mein ... schön, dass du ... dass ihr da ...«, stottere ich.
»Du hättest mich auch ruhig persönlich einladen können. Ich habe nur durch Zufall von deiner Party erfahren«, erwidert Lena und schiebt die Unterlippe vor, als wäre sie beleidigt. Dabei sieht man ihre Zahnspange glänzen. Dann lacht sie aber schon wieder und drängt sich mit den anderen an mir vorbei ins Haus.
Ich will ihr nach, aber da quatscht mich einer aus Antis schwarzem Fanblock an.
»Hey, Kleiner, du weißt doch bestimmt, wie die Anlage funktioniert, oder?«, fragt er und nimmt einen Zug aus der Kippe, die ihm im Mundwinkel hängt.
Am Kragen meines Kapuzenshirts zerrt er mich zu Papas CD-Player.
»Wir versuchen schon die ganze Zeit, die Mucke da reinzukriegen«, erklärt er und kniet sich auf den Boden, der mit Zigarettenbrandflecken übersät ist. An einigen Stellen hat jemand versucht, sie mit Bier zu löschen, was die Sache auch nicht besser macht. Bei uns zu Hause herrscht striktes Rauchverbot. Selbst Papa muss raus in den Garten, wenn er seine Pfeife rauchen will, und sogar unser Räuchermännchen hat Mama letztes Weihnachten verbannt, weil es ein schlechtes Beispiel gibt.
»Die CDs hier sind einfach zu groß«, erklärt der Junge und zeigt auf seine Freunde. Sie haben sich die Schallplattenhüllen wie lustige Partyhütchen auf den Kopf gesetzt. Statt

einfach den Plattenspieler zu benutzen, versuchen sie die Platten in das Fach des CD-Players zu quetschen. Das geht natürlich nicht, aber wenn man sich dabei richtig anstrengt, ist es kein Wunder, dass die Platten zerbrechen und die matt polierte Lackoberfläche des CD-Players ein paar tiefe, tiefe Kratzer abbekommt.

Drei Dinge, die mein Vater – außer meiner Mutter, Anti und mir – mehr liebt alles andere auf der Welt, in aufsteigender Reihenfolge:

1) seine Anlage
2) seine Schallplattensammlung
3) sein goldenes Saxofon.

Was bisher – abgesehen von Mamas Vasen – kaputtgegangen ist:

1) Papas Anlage
2) Papas Schallplattensammlung
3)

Papas goldenes Saxofon! Ich springe auf und renne in die Ecke, in der es steht.

Die gute Nachricht zuerst. Es ist noch ganz. Die schlechte: Ein Mädchen kniet davor. Sie ist ganz grün im Gesicht und beugt sich über den Trichter, um ... Ich erspare mir und euch die Details.

Verzweifelt sinke ich neben dem Mädchen auf den Boden und lasse meinen Blick durch das Wohnzimmer schweifen. Ein paar Mädchen tanzen noch immer zwischen den Scherben, aber immerhin haben die Jungs aufgehört, im Wohnzimmer mit den leeren Dosen zu kicken. Sie spielen jetzt Schneeballschlacht mit dem Ton, den Mama im Keller für ihre Kunstwerke aufbewahrt. Alex und Justin sind mittendrin, weil das ein Spiel ist, dessen Regeln sogar sie verstehen. Nicht so kompliziert wie Topfschlagen oder Fangen. Wenn man den Ton nass macht, fühlt er sich an wie Matsch und man kann Schlammbälle daraus formen. Einer davon klatscht gerade rechts knapp neben meinem Ohr an die Wand.

Hinter dem Sofa gegenüber hat Lena sich in Sicherheit gebracht. Auch die meisten der anderen Mädchen haben inzwischen das Tanzen aufgegeben und sich irgendwo verkrochen, um sich aus der Schusslinie zu retten. Kreischend und quiekend feuern sie die beiden Mannschaften an, die sich rechts und links im Wohnzimmer aufgestellt haben und sich gegenseitig mit nassem Ton bewerfen. Zusammen mit den wummernden Bässen aus der Anlage und dem trüben Rotlicht gibt das eine ganz gute Vorstellung, wie sich Soldaten im Einsatz unter Dauerbeschuss fühlen müssen.

Wo ist eigentlich COOLMAN? Ich habe ihn schon lange nicht mehr gesehen. Wahrscheinlich amüsiert er sich irgendwo königlich. Egal, muss ich das eben alleine durchstehen. Es wird langsam Zeit, dem Ganzen ein Ende zu machen, und da ist es vielleicht sogar besser, er stört mich nicht dabei. Als Erstes muss das Bier verschwinden.

Ich nutze jede Deckung aus, die das Wohnzimmer bietet, und hechte in die Küche. Auf dem Tisch liegen noch zwei letzte Paletten mit Bierdosen.

Ich schnappe mir die Bierdosen und gehe zurück ins Wohnzimmer.
Die Schlacht ist noch immer in vollem Gange und niemand achtet auf mich. Als ich schon fast an der Tür bin, klingelt es. Als wenn nicht schon genug Leute da wären!
Mit dem Ellenbogen drücke ich die Klinke herunter.
»Wegen Überfüllung ...« Ich komme nicht dazu, meinen Spruch zu Ende aufzusagen.
Vor mir stehen zwei Polizisten, die nicht so aussehen, als wollten sie mitfeiern.
»Die Nachbarn haben sich beschwert. Es ist zu laut«, sagt der eine. »Wo sind deine Eltern?«
»Weg«, antworte ich wahrheitsgemäß.
»Und was willst du mit dem Bier? Du bist doch bestimmt noch keine 16!«, fragt der andere.

»Auch einen Schluck?«, frage ich, weil mir nichts Besseres einfällt und COOLMAN mich mal wieder völlig durcheinandergebracht hat.
»Soll das so eine Art Bestechung sein?«, erwidert der Polizist, ohne weiter auf mein Angebot einzugehen. »Dafür kannst du drei Jahre in den Knast gehen!«
Vor Schreck lasse ich die Dosen los.
»AUA!«, brüllt der Polizist, dem die zwei Paletten auf den Fuß gefallen sind.
Instinktiv greift er zu den Handschellen, die an seinem Gürtel baumeln.
Ich drehe mich um und schreie panisch in Richtung Wohnzimmer: »ANTI! WO BIST DU?«
»Anti ist schon vor einer Stunde mit ein paar Jungs auf eine andere Party weitergezogen. Der war es hier zu langweilig«,

ruft ein Mädchen, das sich vor den Tongeschossen hinter dem Aquarium verschanzt hat.

»Minderjähriger Alkoholmissbrauch, Ruhestörung, versuchte Bestechung, Angriff auf einen Polizisten: Junge, Junge, da hast du dir ganz schön was eingebrockt. Wir nehmen dich jetzt erst mal mit, bis wir deine Eltern gefunden haben.«

Der Polizist, der mit dem gebrochenen Zeh, packt mich an der Schulter und humpelt mit mir zum Streifenwagen, der mit rotierendem Blaulicht vor unserem Haus steht.

Auf dem Revier darf ich endlich telefonieren. Zum Glück kenne ich Antis Handynummer auswendig. Es dauert ewig, bis sie rangeht.

»Wer stört?«, höre ich ihre Stimme. Im Hintergrund ist laute Discomusik, Gegröle und das Klirren von Gläsern zu hören.

»Ich bin's, Kai! Ich bin bei der Polizei!«, brülle ich in den Hörer.

»Du willst ein Ei? Wo soll ich denn jetzt ein Ei herkriegen?«, brüllt Anti zurück.
»Nicht Ei! Polizei!«
»Polizei? Was hast du angestellt?«
»Nichts. Du musst mich hier rausholen!«
»Ich soll dir einen Strauß holen?«
»Nicht Strauß holen! Rausholen!«
Es dauert ewig, aber dann hat sie begriffen. Wenn es wirklich drauf ankommt, kann man sich auf Anti verlassen. Hoffe ich zumindest. Mir bleibt auch nichts anderes übrig. Anti ist die Einzige, die mich hier rausholen kann.

Völlig unnötig. Die Polizisten halten mich für so harmlos, dass sie mich noch nicht einmal in eine Zelle stecken. Ich hocke müde auf einer Holzbank. Von ihrem Schreibtisch aus können mich die Polizisten hier gut im Auge behalten. Sie haben mir sogar eine Cola angeboten, damit ich nicht einschlafe, während ich auf einen Erziehungsberechtigten warte.

Ich muss zweimal hinsehen, ehe ich meine Schwester erkenne. Sie hat sich extra umgezogen. Sie trägt das weiße Kleid, das ihr meine Eltern zum 15. Geburtstag geschenkt haben und das sie damals noch nicht einmal anprobieren wollte. Dazu hat sie ihre langen Haare zu einem Pferdeschwanz zusammengebunden. Sie sieht richtig hübsch aus, mal abgesehen von den schwarz lackierten Fingernägeln. »Sie ahnen gar nicht, wie viel Ärger uns mein Bruder schon gemacht hat«, schleimt meine Schwester die beiden Polizis-

ten voll. »Ich bin ja so froh, dass Sie sich um ihn gekümmert haben, ehe noch etwas Schlimmeres passiert ist.«
Dann erzählt sie ihnen, dass unsere Eltern Botschafter einer südostchinesischen Republik seien, ständig auf Reisen und nie daheim, um sich um mich zu kümmern. Kein Wunder, dass ich da ab und zu über die Stränge schlagen würde. Aber eigentlich hätte ich einen guten Kern und wäre kein wirklich schlechter Mensch. Sie selbst hätte ja leider auch keine Zeit, weil sie sich ehrenamtlich um ausgesetzte Wellensittiche und Zwergkaninchen kümmern würde.

Keine Ahnung, ob sie meiner Schwester das Gesülze glauben oder ob sie einfach nur froh sind, mich loszuwerden. Tatsache ist: Die beiden Polizisten lassen mich laufen und verzichten sogar auf die Anzeige.
Warum soll ich nicht auch mal Glück haben?

7. Kapitel
Nichts wie weg, weit, weit weg!

Mein Glück hält nicht lange an. Wie sollte es auch? Ich bin Kai und mein zweiter Vorname ist Pech. Oder COOLMAN, was am Ende auf dasselbe hinausläuft. Kai Pech COOLMAN Baumann: Den Namen sollte ich mir auf Visitenkarten drucken lassen.
Auch wenn die aufgehende Sonne unser Grundstück in ein sanftes Hellrosa taucht, ist schon von Weitem zu erkennen, dass vom Haus meiner Eltern nur noch die Grundmauern stehen. Okay, das ist etwas übertrieben. Aber nicht sehr. Wirklich nicht.
Das Erste, was mir auffällt: Die Schaukel im Garten ist weg. Stimmt aber gar nicht. Sie ist nicht weg, sondern steht jetzt im Vorgarten unserer Nachbarn. Dabei haben die gar keine Kinder, nur eine sabbernde Dogge, die bestimmt nicht gern schaukelt. Da, wo die Fundamente waren, sind jetzt vier Löcher in unserem Vorgarten. Der Scherzkeks, der die Schaukel letzte Nacht ausgegraben hat, hat sich nicht die Mühe gemacht, die Löcher wieder zuzuschaufeln. Der ganze Garten sieht aus wie ein frisch durchgepflügter Acker.

Sogar Anti zögert einen Augenblick, ehe sie aufschließt. Drinnen ist alles stockduster, weil vor den Fenstern noch die Verdunkelungen hängen. Ich reiße die Pappen von den Scheiben und das Licht dringt endlich ungehindert ins Wohnzimmer.

Sofort bereue ich, was ich getan habe. Es ist, als läge man morgens im Halbschlaf im Bett und jemand zieht einem mit einem einzigen Ruck die Bettdecke weg. Die Sonne scheint jetzt ungehindert herein, und ich gehe jede Wette ein, wenn ich meinen Eltern erzähle, eine Herde wild gewordener Büffel sei durch unser Wohnzimmer galoppiert, würden sie mir das sofort glauben. Anders ist die totale Verwüstung um mich herum nicht zu erklären.

Auf dem angesengten Teppichboden liegen überall leere Bierdosen zwischen heruntergerissenen schwarzen Luftschlangen, und an den Wänden kleben die hellbraunen Tongeschosse, die über Nacht hart geworden sind und jetzt aussehen wie Steighilfen an einer Kletterwand. Vor Papas Anlage türmt sich ein schwarzer Scherbenhaufen. Es sind die Reste der Plattensammlung meines Vaters, und ich kann nur hoffen, dass er sich MP3-Kopien seiner seltenen und absolut unwiederbringlichen Liveaufnahmen gemacht hat. Ist aber eher unwahrscheinlich, weil mein Vater nicht viel am Hut hat mit Computern und MP3 für die Abkürzung für ein Schnellfeuergewehr hält. Auch seine Anlage sieht nicht besonders gut aus. Tiefe Kratzer laufen quer über die matt lackierte Oberfläche, und es braucht nicht viel Fantasie, um daraus ein unanständiges Wort zu entziffern.

Ich hole einen Stift und liste auf einem Blatt Papier die Schäden auf.

1) Couchtisch (Geschätzter Schadenswert: 400 Euro)
2) Papas Anlage (Schadenswert: 15 000 Euro)
3) Mamas asiatische Vasen (Geschätzter Schadenswert: 200 000 Yen)
4) Teppichboden (Geschätzter Schadenswert: keine Ahnung, teuer jedenfalls)
5) Wände
Die müssen neu gestrichen werden, falls meinen Eltern die

neue Kletterwand in ihrem Wohnzimmer nicht gefällt (Geschätzter Schadenswert: mindestens so teuer wie der Fußboden)
6) Papas Plattensammlung (Geschätzter Schadenswert: unbezahlbar)

Das ist nur eine grobe Übersicht. Kleinkram wie kaputte Gläser, zerfledderte Bücher und die Reinigungskosten für Papas goldenes Saxofon sind da noch gar nicht drin.

Aus der Küche besorge ich mir eine Rolle großer blauer Müllsäcke und einen Besen, um die gröbste Unordnung zu beseitigen. Meine Schwester hat sich gleich in ihr Zimmer verzogen, um sich das weiße Kleid wieder auszuziehen. Ihr Zimmer ist der einzige Raum im ganzen Haus, der unbeschadet geblieben ist. Anti war klug genug, ihre Tür gestern Nacht abzuschließen.

»Willst du nicht helfen, aufzuräumen?«, rufe ich, als sie nach zehn Minuten immer noch nicht zurück ist. Anstatt einer Antwort dreht sie ihre Musik voll auf. Das hätte ich mir auch denken können.

Nach acht gefüllten Plastiksäcken sieht das Wohnzimmer noch genauso schlimm aus wie vorher. Das scheinen die Fische in Papas Aquarium ähnlich zu sehen. Zuerst haben sie noch neugierig geglotzt, was ich da mache. Jetzt wenden sie sich wieder interessanteren Dingen zu wie Luftblasen steigen lassen, an Algen knabbern oder was es für Fische sonst noch an spannenden Abenteuern gibt. Immerhin scheinen ihnen die Salzstangen, mit denen Justin und Alex sie gefüttert haben, nicht geschadet zu haben.

Mein Blick fällt auf das Chaos, dann auf die Liste mit den Schadensfällen. Selbst wenn ich mir die Wiedergutmachungszahlungen mit Anti teile, kann ich frühestens zu meinem 45. Lebensjahr wieder mit einem monatlichen Taschengeld rechnen. Von dem Ärger, der uns erwartet, wenn Romeo und Julia zurück sind, mal ganz abgesehen.
Je länger ich darüber nachdenke, desto reizvoller erscheint mir COOLMANs Vorschlag. Im Prinzip ist es ganz einfach:

Ich verschwinde, baue mir unter einem falschen Namen irgendwo im Ausland eine neue Existenz auf und komme irgendwann nach Jahren reich und berühmt zurück zu meinen greisen Eltern, die ihr Glück nicht fassen können, ihren verlorenen Sohn wieder in die Arme zu schließen.
Ich stelle den Besen in die Ecke und gehe in mein Zimmer. Wenn man einmal einen Entschluss gefasst hat, ist plötzlich alles ganz einfach. Den Rucksack habe ich schnell gepackt: Schlafanzug, Hose, Unterwäsche, zwei T-Shirts, meinen Stoffbiber und ein Buch. Mehr brauche ich nicht. Abgesehen natürlich von meinem Ersparten. Zusammen mit dem, was von meinem letzten Geburtstag noch übrig ist, bin ich stolzer Besitzer von 29,45 Euro.
Ich stopfe das Geld in meine Tasche und schnappe mir meinen Rucksack. An der Tür bleibe ich noch einmal kurz stehen, um mir das Bild meines ehemaligen Zuhauses auf meine geistige Festplatte zu brennen: mein Schreibtisch, mein Bett, mein Schrank, mein Lego, meine Bücher, meine Kuscheltiere.
Lebt wohl!
War eine gute Zeit mit euch!
Ich reiße mich los und mache mich auf die Suche nach einem Foto von meinen Eltern, damit ich in den vor mir liegenden einsamen Jahren nicht vergesse, wie sie aussehen. Aber das einzige Foto, das ich in der Eile finden kann, ist das Premierenbild aus der Zeitung. Egal, ich falte es zusammen und stecke es zu meinen Ersparnissen.

Auf die Rückseite eines Einkaufszettels schreibe ich einen kurzen Abschiedsgruß:

»Ich war es nicht! Euer Kai!«

Nach kurzem Überlegen füge ich ein »Sorgt euch nicht um mich. Irgendwann sehen wir uns wieder« hinzu.

Von Anti werde ich mich nicht verabschieden. Soll sie sich ruhig ihr Leben lang Vorwürfe machen, dass sie nicht besser auf mich aufgepasst hat. Geschieht ihr ganz recht, schließlich ist sie doch schuld an dem ganzen Desaster.
Ich schließe die Haustür hinter mir und gehe durch den zerpflügten Garten, ohne mich noch einmal umzusehen.

Als ich das Ende der Straße erreicht habe, weiß ich nicht weiter. Wohin jetzt? Auch COOLMAN ist keine echte Hilfe. Ich glaube, er kennt gar keine Gangster, für die es ein Klacks wäre, mir einen Pass zu besorgen. Einen Pass, mit dem ich ein neues Leben anfangen könnte. Irgendwo, wo mich keiner kennt.
In den Krimis, die ich mit Anti abends im Fernsehen gucke, wenn Mama und Papa auf der Bühne stehen, hocken solche Gangster immer in so schmierigen Kneipen am Bahnhof und planen dort ihre nächsten Raubzüge. Keine Ahnung, warum das immer Bahnhofskneipen sind. Vielleicht, damit sie schnell abhauen können, wenn die Polizei eine Razzia macht. Dann laufen die Gangster einfach raus und springen in den nächsten Zug. Was nicht so besonders clever ist, weil die Züge meistens Verspätung haben. Aber wer sagt schon, dass Gangster clever sind. Wenn sie clever wären, wären sie Bankdirektoren. Dann hätten sie ein Auto mit Chauffeur und bräuchten sich nicht auf die Bahn zu verlassen.
Gegenüber von unserem Bahnhof gibt es tatsächlich eine Kneipe und die sieht schon von außen ziemlich schmierig aus. Das braune Milchglas in den Fenstern erlaubt keinen Blick ins Innere, deswegen bin ich nicht sicher, ob da tatsächlich Gangster drinhocken.
Ich bin schon zu weit gegangen, als dass ich einfach wieder umdrehen könnte. Ich nehme all meinen Mut zusammen und drücke die Klinke herunter. Es dauert einen Moment, bis sich meine Augen an das Halbdunkel gewöhnt haben. Hinter dem

Tresen steht ein dicker Mann und trocknet mit einem dreckigen Handtuch Gläser ab. Vor ihm hockt ein anderer Mann mit einer Sonnenbrille unter einem »Rauchen verboten«-Schild und pafft an einer Zigarre. An einem der wenigen Tische sitzen drei weitere Männer und spielen Skat. Für einen kurzen Augenblick unterbrechen sie ihr Spiel und sehen mich an. Dann konzentrieren sie sich wieder auf ihre Karten.

Ich gehe zum Tresen und erklimme einen der Barhocker, die dort stehen.

»Eine Cola, bitte«, sage ich zu dem Dicken mit dem Handtuch und versuche dabei, so erwachsen wie möglich zu klingen.

Der Dicke nickt nur und schüttet mir die Cola in ein fleckiges Glas, an dessen Rändern gelbe Zitronenreste kleben. Ich hätte gerne einen Strohhalm, traue mich aber nicht, zu fragen. Der Kerl mit der Zigarre auf dem Hocker neben mir hat mich die ganze Zeit noch nicht einmal angeschaut. Durch seine Sonnenbrille starrt er auf die Wand gegenüber. Ich folge seinem Blick, kann dort aber außer einem Haufen Fliegendreck nichts Interessantes entdecken. Vielleicht ist der arme Mann blind.

Hinter ihrem Tisch geht es zu den Toiletten. Es gibt nur eine Tür und die führt zu den Männerklos. Das kann man sehen, weil da ein Messingschild drauf ist, das einen Jungen auf einem Töpfchen zeigt. Das finde ich etwas seltsam. Noch seltsamer aber finde ich, dass es nirgendwo ein Damenklo gibt. Der Laden ist scheinbar nur etwas für echte Kerle.

Endlich dreht sich der Kerl mit der Sonnenbrille zu mir um und fragt: »Probleme?«
»Ich nicht«, antworte ich und bin plötzlich ganz stolz, weil mir eine tolle Idee gekommen ist. »Aber ein Freund von mir. Der muss schleunigst verschwinden von hier, um irgendwo anders ganz von vorne anfangen zu können.«
»Dazu braucht er aber neue Papiere«, fahre ich supercool

fort, als hätte ich nie etwas anderes gemacht, als mir in schmierigen Kaschemmen falsche Pässe zu beschaffen.

»Wie viel?«, fragt der Kerl mit der Sonnenbrille und starrt wieder an die Wand.

»Ein Pass reicht völlig«, erwidere ich und spucke auf den Boden neben mir, um noch cooler zu wirken.

»Hey, was soll das?! Hier wird nicht gespuckt! Los, aufwischen!«, mischt sich der Dicke ein und wirft mir sein Handtuch ins Gesicht.

Als ich fertig bin und wieder oben auf dem Hocker sitze, dreht sich der Sonnenbrillentyp wieder zu mir um.

»Ich meine, wie viel Geld hast du?«

»29,45 Euro. Wenn ich die Cola bezahlt habe, etwas weniger«, antworte ich.

Sogar die Kartenspieler fangen an zu lachen.

»Gib her!«, sagt der mit der Sonnenbrille.

Ich hole das Geld heraus und lege es auf den Tresen. Dabei fällt auch der Zeitungsausschnitt mit dem Bild meiner Eltern auf den Boden. Ehe ich mich bücken kann, hat der Typ neben mir ihn aufgehoben.

»Kennst du die beiden?«, fragt er, während er auf das Foto mit meinen nackten Eltern starrt.

»Das sind meine Eltern«, sage ich.

»Die waren gut. Hab die gestern gesehen. Im Theater. Tolle Inszenierung!«, brummt er und starrt noch eine Weile auf das Bild. »Na gut, weil du es bist.«

Der Kerl schiebt dem Dicken hinter dem Tresen zwei Euro

für die Cola rüber und steckt den Rest ein. Dann lässt er sich von seinem Hocker gleiten, murmelt »Warte hier!« und verschwindet durch die Klotür.
Während ich wie befohlen warte, nippe ich an meiner Cola und frage mich, wie es weitergeht, wenn der Kerl jetzt mit meinem Geld einfach abhaut. Als ich schon ganz sicher bin, dass er nicht mehr zurückkommt, geht die Tür auf.
Der Sonnenbrillentyp steigt neben mir auf den Hocker und schiebt einen Briefumschlag aus grauem Recyclingpapier zu mir herüber.
»Mehr ist für die paar Kröten nicht drin.«
»Klar doch. Versteh ich natürlich. Kein Problem«, stammele ich und stecke den Umschlag schnell ein, ohne hineinzuschauen. »Vielen Dank.«
»Brauchst du auch noch 'ne Knarre? Kostet natürlich extra!«
»Wie bitte?«
»'ne Wumme, 'nen Ballermann, 'nen Engelmacher?«
»Eine Pistole?! Nein danke. Nicht nötig! Im Augenblick jedenfalls nicht. Aber trotzdem danke für das Angebot. Sehr freundlich.«
Der Typ winkt nur ab und starrt wieder an die Wand.
Ich habe es plötzlich ganz eilig, an die frische Luft zu kommen. Mit einem höflichen »Einen schönen Tag noch« verabschiede ich mich und laufe schnell rüber zum Bahnhof. Ich mache es genau wie die Gangster: Ich verschwinde einfach mit dem nächsten Zug.

COOLMAN hat recht. Es war wirklich ganz einfach. Vielleicht sollte ich tatsächlich Gangster werden. Talent dafür scheine ich ja zu haben, sonst hätte mir der Typ mit der Sonnenbrille nicht aus der Hand gefressen.

Das Gute am Gangstersein ist, man braucht keine Fahrkarte. Gangster fahren immer schwarz, und das ist ziemlich praktisch, weil ich sowieso kein Geld mehr habe, um mir eine zu kaufen.

Ich steige in den nächsten Zug, der am Gleis schon auf das Signal zum Abfahren wartet. Keine Ahnung, wo der hinfährt. Ist ja auch egal.

In einem freien Abteil verstaue ich meinen Rucksack in der Gepäckablage. Als der Zug anfährt, krame ich den grauen Umschlag hervor. Ich bin furchtbar neugierig, unter welchem Namen ich mein spannendes neues Leben beginnen werde.
Die Spannung hält nicht lange an. In dem Umschlag steckt ein Ausweis der Stadtbücherei, der auf den Namen Adolf Schmitz ausgestellt ist. Adolf Schmitz wohnt im Seniorenheim *Das letzte Bett* und der Ausweis ist noch bis November dieses Jahres gültig. Ich bezweifle, dass man darauf eine neue Existenz aufbauen kann.
Bis zur nächsten Station muss ich noch mitfahren, ehe ich wieder aussteigen kann. Wenigstens kommt kein Schaffner und das ist immerhin schon etwas.
Jetzt, wo meine Gangsterkarriere so jäh beendet ist, traue ich mich nicht, ohne Fahrkarte nach Hause zurückzufahren. Also laufe ich. Das sind höchstens zehn Kilometer. Mehr als zwei Stunden werde ich dafür sicher nicht brauchen. Vielleicht schaffe ich es sogar in einer Stunde und fünfzig Minuten.

8. Kapitel
Jeden Tag eine gute Tat

Ich brauche keine zwei, sondern satte drei Stunden nach Hause. Schon auf den ersten zwei Kilometern habe ich mir eine dicke Blase an der rechten Ferse gelaufen. Schuld daran ist natürlich COOLMAN, den ich die ganze Zeit hinter mir herziehen muss, weil er sich weigert, aus dem Bollerwagen wieder auszusteigen. Bei dem zusätzlichen Ballast ist es kein Wunder, dass ich eine Blase habe, die so groß ist wie eine Scheibe Blutwurst und auch genauso aussieht.

HALT! HALT! HALT!

»Ganz ruhig, Kai! Ganz, ganz ruhig!«, versuche ich mich zu beruhigen.
Ich werde langsam verrückt! COOLMAN existiert doch gar nicht! Ich meine, nicht wirklich. Wie soll er da an meiner Blase schuld sein? COOLMAN ist das Ergebnis meiner Fantasie. Er ist eine Illusion, eine Fata Morgana, ein Hirngespinst, eine Wahnvorstellung, ein Traum. Irgend so etwas in der Art.
»Er ist nicht echt! Er ist nicht echt! Er ist nicht echt!«, wie-

derhole ich dreimal, um sicherzugehen, dass ich nicht tatsächlich noch anfange zu spinnen.

Wahrscheinlich bin ich längst übergeschnappt und habe es nur noch nicht gemerkt.

Müde humpele ich die Straße entlang, an der unser Haus liegt. Ich fühle mich wie ein Krieger, der nach einer verlorenen Schlacht geschlagen heimkehrt.
Die Schaukel steht noch immer im Nachbargarten. So weit, so bekannt. Vor unserer Haustür aber türmt sich ein Haufen blauer Müllsäcke. Es sind viel mehr als die paar, die ich heute Morgen gepackt habe. Viel, viel mehr.
Als ich die Haustür aufmache, stoße ich mit einem weiteren blauen Sack zusammen, der mir entgegenkommt und verdächtig nach Vanille riecht.
»Hallo, Kai«, sagt der Müllsack, der nicht nur riecht wie Lena, sondern auch genauso klingt. Erst als sie den Sack auf dem Boden absetzt, kann ich sie sehen. Ihre Zahnspange glitzert dabei in der Sonne, weil sie lächelt.
Das Lächeln erstirbt sofort, weil ich sie fest in den Arm kneife. Ich weiß, das ist nicht nett, aber ich kann nicht anders. Ich muss einfach wissen, ob wenigstens sie echt ist oder ob ich sie mir auch nur einbilde.
»Aua! Sag mal, spinnst du?«
»Ich weiß nicht. Vielleicht«, stammele ich. »Ich wollte nur wissen, ob ich träume oder nicht.«
»Wenn man das rausfinden will, muss man sich selber kneifen, du Vollidiot! Nicht andere!« Lena reibt sich ihren schmerzenden Oberarm.
»Was machst du überhaupt hier?«, versuche ich schnell das Thema zu wechseln.
»Ich dachte, du brauchst vielleicht Hilfe.«

Mit einer Handbewegung wische ich COOLMAN zur Seite, dann zeige ich auf die Müllsäcke.

»Und das hast du alles ganz allein …«

»Unsinn! Die beiden da haben mir geholfen.«

Als hätten sie auf ihr Stichwort gewartet, kommen Alex und Justin aus dem Haus. Auch sie schleppen blaue Müllsäcke.

»Coole Party gestern, Alter!«, sagt Alex und stellt seinen Sack zu den anderen.

»Lange nicht mehr so viel Spaß gehabt, echt«, ergänzt Justin.

»Wer hat euch reingelassen?« Ich verstehe immer noch nicht, was hier eigentlich los ist.

»Deine Schwester. Wir wollten dich besuchen, Alter«, sagt Justin.

»Aber echt, du warst ja nicht da«, erklärt Justin.
»Wo warst du überhaupt?«, fragt Lena.
»Irgendwo da«, erwidere ich und deute vage hinter mich.
»Schön, dass du auch schon helfen kommst!« Ehe Lena weiter nachfragen kann, taucht Anti auf. Sie trägt jetzt wieder Schwarz und hat eine abgebrochene Gardinenstange in der Hand, mit der sie herrisch in der Luft herumfuchtelt und alle herumscheucht. »Was steht ihr hier rum?! Weiter, weiter, weiter! Das Haus räumt sich nicht von alleine auf.«
Sofort machen sich Justin und Alex wieder an die Arbeit. Nur Lena lässt sich von Anti nicht herumkommandieren. Sie guckt auf ihre Uhr.
»Ich muss nach Hause. Wir sehen uns in der Schule.« Lena gibt mir einen Kuss auf die Wange und die ganze Welt duftet plötzlich nach Weihnachtsplätzchen.

Als sie schon ein paar Meter gegangen ist, dreht Lena sich noch einmal um.
»Als was gehst du denn jetzt zum Kostümfest?«
»Als ... als ... als Aubergine«, antworte ich, weil mir nichts Besseres einfällt.
»Du bist wirklich ein Vollidiot«, sagt Lena und grinst. Gar nicht böse, sondern nett.
»Sieh an, sieh an. Kai-Mäuschen ist verliebt«, sagt Anti und schiebt mich ins Haus. »Trotzdem wartet hier drinnen noch eine Menge Arbeit auf dich.«
»Ich bin nicht verliebt.«
»Bist du doch.«
Ich spare mir die Antwort, weil mich diese Art von Wortwechsel langsam langweilt. Außerdem interessiert mich viel mehr, welche Rolle Anti bei den Aufräumarbeiten spielt.
»Und du? Was machst du?«
»Ich koordiniere!«, erwidert Anti und drückt mir ein Fläschchen mit schwarzem Nagellack in die Hand. »Hier! Damit kannst du die Kratzer an der Anlage übermalen.«
Alex, Justin und Lena haben schon ganze Arbeit geleistet. Das Wohnzimmer ist zwar immer noch verwüstet, aber irgendwie sieht es aufgeräumt verwüstet aus, wenn ihr versteht, was ich meine. Der Dreck und die Scherben sind weg und über den Brandlöchern liegen Teppiche. Justin sitzt neben dem CD-Player und versucht mit Kleber, Papas Schallplatten wieder zu runden Scheiben zusammenzufügen. Wenn er eine der Platten wiederhergestellt hat, reicht er

sie an Alex weiter, der sie in eine der Hüllen schiebt, ohne darauf zu achten, ob es auch die richtige ist.
Gemeinsam geht es ganz schnell und schon bald sieht die Wohnung fast wieder bewohnbar aus. Sogar die Kratzer auf der Anlage sind dank Antis Nagellack kaum noch zu sehen. Zumindest, wenn man nicht so genau hinguckt. Nur die Tonfladen an den Wänden sind so hart geworden, dass man sie nicht einmal mehr mit einem Hammer abschlagen kann.
»Wir erzählen Papa einfach, wir hätten extra einen Kletterparcours für ihn gebaut«, erklärt Anti, die in der ganzen Zeit keinen Handschlag getan hat.
Ihre Idee ist trotzdem gut und vielleicht kommen wir damit durch.

Ich lasse COOLMAN einfach da hängen. Da kann er keinen Unsinn machen.

Als wir endlich fertig sind, schnappen sich Alex und Justin die blauen Müllsäcke, die vor der Tür stehen.
»Wo wollt ihr hin damit?«, frage ich misstrauisch.
»Wir bringen sie zur Müllkippe, Alter«, antwortet Alex.
»Super!«, antworte ich erleichtert, weil ich schon befürchtet hatte, sie würden sie einfach irgendwo in den Straßengraben schmeißen.
Die beiden sehen sich an, dann fangen sie an zu kichern.
»Hey, Alter, das mit der Müllkippe war ein Scherz«, sagt Alex.
»Hast du das echt geglaubt?«, fragt Justin und grinst.
»Die ist doch viel zu weit weg, Alter«, erklärt Alex. »Wir kippen das Zeug einfach irgendwo in den Park.«
Ehe ich sie zurückhalten kann, sind sie auch schon weg.

Der Nachmittag ist halb rum. Meine Eltern wollen aber erst am Abend zurück sein. Ich habe also noch etwas Zeit und plötzlich das Gefühl, nach der unerwarteten Hilfe von Justin, Alex und Lena auch etwas Gutes tun zu müssen. Eine selbstlose Tat voller Nächstenliebe oder so etwas. Leider fällt mir nichts ein, womit ich mein Konto an guten Taten etwas auffüllen könnte.

Das Altenheim *Das letzte Bett* ist gar nicht weit weg von unserem Haus. Es liegt ganz in der Nähe des Parks.

Mein Plan ist ganz einfach:
1) Reingehen.
2) Am Empfang den Ausweis abgeben.
3) Verschwinden.
Auf keinen Fall werde ich:
1) dort einen von den Insassen spazieren fahren.
2) dort einen von den Insassen füttern.
3) dort einem von den Insassen den Hintern abwischen.

In den Vorgärten, an denen ich vorbeikomme, sehe ich überall blaue Müllsäcke. Ich hätte mir denken können, dass Justin und Alex der Weg bis zum Park viel zu weit ist. Sogar vor dem Altenheim liegt ein blauer Sack, aber ich tue einfach so, als hätte ich nichts damit zu tun.

Am Empfang sitzt eine blonde Frau in einem weißen Kittel und strahlt mich an, als würde sie darauf warten, als Hauptdarstellerin für eine Zahnpasta-Werbung entdeckt zu werden.
»Ich wollte etwas für Adolf Schmitz abgeben«, sage ich.
»Sein Zimmer ist gleich da vorne den Gang lang. Es hat die Nummer 0815«, antwortet die Frau.
»Ich wollte das nur abgeben«, wiederhole ich, weil ich auf gar keinen Fall von meinem Plan abrücken werde: reingehen, abgeben, verschwinden.
»Sei so lieb, gib es ihm selbst«, sagt die Frau und lächelt weiter ihr Zahnpasta-Lächeln.
»Aber ...«
»Er kriegt nicht so viel Besuch.«
»Ich wollte doch nur ...«
»Er freut sich.«

Okay, kleine Änderung im Plan. Ab sofort tritt Plan B in Kraft:
1) Ins Zimmer 0815 gehen.
2) Ausweis abgeben.
3) Verschwinden.

Direkt hinter dem Eingang liegt so eine Art Empfangsbereich, fast wie in einem Hotel. Es riecht nach alten Leuten und das ist wirklich kein schöner Geruch. Eine Mischung irgendwo zwischen Dachs und Deo.
Auf den alten Sesseln, die überall herumstehen, hocken alte Damen mit rosa gefärbten Frisuren. Männer sind keine zu sehen, aber das ist nur natürlich, weil die ja meistens früher sterben. Und wenn ich mir die Damen hier angucke, weiß ich auch, warum.
Auf mein freundliches »Schönen guten Tag« erhalte ich keine Antwort. Vielleicht sind die alle schon tot und die Pfleger haben es nur noch nicht bemerkt.
Dass ich mich irre, beweisen zwei knorrige Arme, die mich plötzlich von hinten umschlingen. Mit einer Kraft, die ich ihnen überhaupt nicht zugetraut hätte, zerren sie mich auf einen knochigen Schoß.
»Das ist aber lieb, Oliver, dass du deine Oma mal besuchst«, brüllt die Besitzerin der beiden Arme, die mich umklammert halten.
»Ich bin nicht Oliver! Lassen Sie mich los! Hilfe!«

Es ist wirklich nicht so leicht, sich gegen die Alte zu wehren.
»Willst du mir nicht ein Begrüßungsküsschen geben?«
Ohne meine Antwort abzuwarten, drücken sich zwei feuchte Lippen von hinten auf meine Wange. Da kann ich noch so viel mit den Beinen strampeln. Das hilft mir gar nichts.
»HILFE!«, brülle ich noch einmal, und endlich kommt die Zahnpasta-Dame vom Empfang angelaufen.
»Aber Frau Müller, das ist doch gar nicht Ihr Enkel Oliver«, sagt sie besänftigend und hilft mir, mich aus dem eisernen Griff der alten Dame zu befreien.
Ich springe von ihrem Schoß und wische mir mit dem Ärmel die Wange ab. Dann laufe ich schnell in den Gang, in dem das Zimmer 0815 liegen soll.

»Oliver! Komm sofort zurück, sonst wirst du enterbt! Hast du gehört?! Ich enterbe euch alle!«
Klar habe ich das gehört. So laut, wie sie schreit, würde das sogar ein Lama verstehen. Dabei sind Lamas so gut wie taub, sagt unser Biolehrer.

Kann schon sein. Ich habe mich noch nie mit einem Lama unterhalten. Woher soll ich wissen, ob es taub ist oder nicht? Ist auch nicht so wichtig. Wichtig ist, dass ich endlich den Ausweis abgebe und hier schnell wieder verschwinde.
Ich stehe vor dem Zimmer 0815 und klopfe. Es macht aber niemand auf. Ich klopfe noch einmal. Wieder nichts. Als ich mich gerade bücken will, um den Ausweis unter der Tür durchzuschieben, öffnet sie sich.

Vor mir steht der wiedergeborene Sklaventreiber, den ich im Park getroffen habe. Er trägt einen hellblauen Bademantel und graue Filzpantoffeln.
»Was willst du denn hier?« Im Gegensatz zu Frau Müller macht Adolf Schmitz nicht den Eindruck, als würde er sich übermäßig über meinen Besuch freuen.
»Ich wollte nur was abgeben!«, stammele ich.
»Was?«
Ich krame den Büchereiausweis aus der Tasche und halte ihn hoch. Adolf Schmitz guckt einen Moment überrascht, dann zieht er mich schnell an meinem Ärmel in sein Zimmer.
»Und wo ist das Geld? Mein Seniorenpass? Meine Rabattmarken? Das ganze Zeug, das sonst noch in meinem Portemonnaie war!«
»Wie bitte?«
»Gib's schon zu, Jungchen: Du steckst mit den Kerlen unter einer Decke.«
»Mit welchen Kerlen?«
»Na, die, die mich beklaut haben!«
»Aber nein, ich habe den Ausweis gefunden«, lüge ich, weil die wahre Geschichte viel zu kompliziert wäre.
»Wo?«
»Am Bahnhof«, sage ich, und zumindest das ist wahr. Irgendwie.
»Ich war seit Jahren nicht am Bahnhof, Jungchen«, sagt Adolf Schmitz und greift zum Telefonhörer.
»Was haben Sie vor?«

»Ich rufe jetzt die Polizei an und sage ihnen, sie können bei mir einen miesen kleinen Taschendieb abholen.«

COOLMAN weiß, wie er einem richtig Angst machen kann. »Bitte, bitte, keine Polizei«, stammele ich. Der Besuch gestern Nacht auf der Wache hat mir gereicht.

Adolf Schmitz lässt langsam den Hörer sinken und schaut mich an.
»Meinetwegen, Jungchen. Aber umsonst ist nur der Tod«, sagt er und grinst. »Du könntest hier – ruck, zuck! – ein bisschen aufräumen für mich.«
Überall im Zimmer liegen alte Klamotten rum und auf einem kleinen Tisch stehen noch die Reste der letzten drei Mittagessen.
»Das ist Erpressung ...«
»Aber nicht doch, Jungchen«, antwortet Adolf Schmitz.
Er greift wieder zum Hörer und beginnt, 110 zu wählen.
»Das ist doch keine Erpressung, das ist nur eine kleine Bitte.«
»Schon gut, ich habe verstanden«, lenke ich ein.

Erneute Planänderung:
1) Aufräumen.
2) Verabschieden.
3) Verschwinden.

Ich mache mich an die Arbeit. Die Hand am Telefon, sieht Adolf Schmitz mir beim Aufräumen zu und erzählt dabei die ganze Zeit von seiner Tochter, die bei der Regierung in Berlin arbeitet. Wahrscheinlich in der Kantine, wo sie das Essen ausgibt.
»Wenn du fertig bist, kannst du mir helfen, meine Windeln zu wechseln. Aber ruck, zuck!«

Schmitz starrt mich an, dann fängt er an zu wiehern. »Hättest mal dein Gesicht sehen müssen! Zum Schießen, echt! Das war ein Scherz!«
Es würde mich nicht wundern, wenn Adolf Schmitz in irgendeiner Weise direkt oder entfernt mit Alex oder Justin verwandt wäre.
»Hier, nimm ein Stück. Hast es dir verdient, Jungchen.«
Auf einer gelben Papierserviette, über die ein paar rote Osterhasen hoppeln, reicht er mir ein Stück Marmorkuchen.
»Hat meine Tochter mitgebracht, als sie das letzte Mal da war.«
So hart, wie der Kuchen ist, muss das schon ein paar Jahre zurückliegen.
Ich will jetzt nur noch nach Hause. Ich habe die Nase voll von guten Taten.
»Bis morgen dann«, sagt Adolf Schmitz zum Abschied.
»Wie bitte?«
»Ich kann auch bei der Polizei anrufen, Jungchen!«
Er hat mich in der Hand. Ab heute bin ich sein Sklave. Genau wie die armen Kerle in seinem früheren Leben.
»Wir sehen uns«, ruft er mir nach, als ich durch das Flurfenster auf die Straße klettere, weil ich den Weg durch die Empfangshalle vermeiden möchte.

Als ich wieder nach Hause komme, sind meine Eltern schon da. Romeo gefällt die Kletterwand in unserem Wohnzimmer. Er hat ja auch noch nicht gemerkt, was mit seinen Platten

passiert ist. Julia ist nicht so begeistert, vor allem wegen des kaputten Couchtisches und der zerbrochenen Vasen. Ohne einen fairen Prozess verhängen die beiden über Anti und mich die Höchststrafe. Das Schlimmste, was sie sich überhaupt vorstellen können: Anti und ich dürfen ab sofort nicht mehr mit zu ihren Premieren.
So nimmt der Abend doch noch ein gutes Ende. Zumindest für mich.
Als ich im Bett liege und schon fast eingeschlafen bin, höre ich einen schrillen Schrei aus dem Wohnzimmer. Es klingt, als hätte man jemandem sein Herz aus dem Leib gerissen. Ohne Betäubung.
Sicher bin ich nicht, aber es ist ziemlich wahrscheinlich, dass Romeo sich gerade eine seiner seltenen und unwiederbringlichen Schallplattenaufnahmen anhören wollte.

9. Kapitel
Wo die coolen Kerle stehen

Letzte Nacht hatte ich einen merkwürdigen Traum. Ich war SUPERFROSCH und musste die Kanzlerin vor dem teuflischen MISTER HOT retten. MISTER HOT sah aus wie der Zwillingsbruder von COOLMAN und trug in meinem Traum eine feuerrote Rüstung, während ich die ganze Zeit in einem albernen grünen Froschkostüm herumhüpfen musste.
Immerhin hatte ich auch ein paar Superkräfte: Meine Zunge war so lang und klebrig, dass ich sie wie ein Lasso benutzen konnte. Außerdem konnte ich unglaublich hoch springen.
Mein Traum spielte in Berlin. Dort hatte MISTER HOT unsere Kanzlerin gekidnappt und sich mit ihr ganz oben auf dem Brandenburger Tor verschanzt. Auf den Straßen standen überall Panzer und über seinen Kopf donnerten Düsenjäger hinweg. Die trauten sich aber nicht zu schießen, weil sie Angst hatten, die Kanzlerin zu treffen.
Deswegen hatten sie mich geholt: SUPERFROSCH, die Amphibie für unlösbare Aufgaben.
Mit einem gewaltigen Sprung hüpfte ich hoch auf das Tor und stand so Auge in Auge dem teuflischen MISTER HOT gegenüber.

»Rette mich, SUPERFROSCH!«, rief die Kanzlerin. »Nur du kannst es schaffen.«
Das brauchte sie mir nicht erst zu sagen. Ich ließ meine Zunge aus meinem Mund herausschnellen, um MISTER HOT seine Neutronenstrahlenpistole aus der Hand zu reißen. Leider war er schneller als ich. Er packte meine Zunge und knotete sie an eines der bronzenen Kutschenpferde, die dort oben herumstehen. Jetzt schien alles verloren. Dank meiner Superkräfte aber konnte ich den Knoten in meiner Zunge schnell wieder lösen. MISTER HOT und ich lieferten uns einen mörderischen Kampf, bei dem leider auch ein paar Hochhäuser, der Reichstag und der Berliner Fernsehturm zu Bruch gingen. Mal war MISTER HOT im Vorteil, dann wieder ich. Als ich ihn fast bezwungen hatte, zündete er seinen Raketenantrieb und raste mit der Kanzlerin unterm Arm einfach davon. Mit langen Sprüngen hüpfte ich hinterher. Kurz vor den Alpen hatte ich ihn eingeholt. Ich schwang meine Zunge wie ein Lasso über meinem Kopf, fing ihn damit ein und verschnürte ihn zu einem kleinen handlichen Paket. Ich hatte gewonnen und die Kanzlerin befreit. Ich war ein Held. Ich war SUPERFROSCH. Ich war unbesiegbar.

Leider hält mein SUPERFROSCH-Gefühl nicht lange an. Als ich auf den Wecker neben meinem Bett schaue, ist es weg.

Es ist Montagmorgen, ich habe verschlafen und bin viel zu spät dran. Hastig ziehe ich mich an, schnappe mir meinen Ranzen und renne zur Tür. Waschen kann ich mir sparen, da wir in der ersten Stunde Schwimmunterricht haben.

Irgendjemand war so nett und hat mir sogar schon meine Schwimmsachen gepackt. Ich greife nach dem schwarzen Beutel, der im Flur steht, und laufe schnell nach draußen.
»Kai? Warte!«, ruft mein Vater aus der Küche hinter mir her. Er klingt nicht so, als ob er mir einen schönen Tag wünschen wollte. Es klingt eher so, als ob er mit mir über seine Plattensammlung reden wollte, wobei »reden« die Sache wahrscheinlich nicht ganz trifft.
Aber ich habe sowieso keine Zeit. Wenn ich mich beeile, kann ich es noch halbwegs pünktlich zum Unterricht schaffen.

Ich mag Schwimmen. Das ist der einzige Sport, in dem ich ganz gut bin. Besser jedenfalls als die meisten anderen in meiner Klasse. Deswegen will ich auf keinen Fall zu spät kommen.

Drei Gründe, warum ich Schwimmen liebe:
1) Beim Schwimmen wählt man keine Mannschaften.
2) Aus Punkt 1 folgt: Ich muss nicht ewig auf einer Bank hocken, weil mich keiner wählt.
3) COOLMAN ist wasserscheu.

Dreimal dürft ihr raten, welcher der drei Gründe dafür verantwortlich ist, dass ich so ein guter Schwimmer bin. Kleiner Tipp: Eins und zwei sind es nicht.

Das Schwimmbad liegt im Keller unserer Schule. Als ich ankomme, sind die anderen alle schon in der Umkleide und ziehen sich um. Nur mit Mühe finde ich noch einen freien Spind, in den ich meine Sachen hängen kann. Dann packe ich meine Schwimmsachen aus. Bei dem schwarzen Hand-

tuch ahne ich noch nichts Böses. Vielleicht hat Mama beim Zusammenpacken aus Versehen eines von Antis Badelaken erwischt. Vielleicht war es draußen noch dunkel und da hat sie den Unterschied zwischen Schwarz und Weiß nicht erkannt. Erst als ich aus dem Beutel einen schwarzen Bikini herausfische, wird mir klar, was los ist. Der Schwimmbeutel im Flur war gar nicht meiner. Der gehört Anti, die – und das ist mal wieder typisches Kai-Pech – am selben Tag Schwimmunterricht hat wie ich.
Um nach Hause zu rennen und die Sachen auszutauschen, ist es zu spät. Das ist nicht zu schaffen, selbst wenn ich den Container nehmen würde.

Ich habe drei Möglichkeiten:
1) Ich schwimme gar nicht.
2) Ich schwimme nackt.
3) Ich schwimme in Antis Bikinihose.

Dann schon lieber nackt. Das scheint ja bei uns sowieso irgendwie in der Familie zu liegen.
Ich entscheide mich trotzdem für Antis Bikinihose.
Der Vorteil an meinem Zuspätkommen ist, dass ich alleine in der Kabine bin. Alle anderen sind schon draußen am Becken. Ich schlüpfe in die Hose, die mir um die Hüften schlabbert und die vor allem am Hintern ziemlich knapp geschnitten ist. Eigentlich ist da so gut wie gar kein Stoff. Ich kann das spüren, weil ich am Po eine Gänsehaut bekomme. Meinen Rücken dicht an die Wand gepresst, schiebe ich mich in die Dusche und dann schnell raus in die Schwimmhalle. Wenn man mich nicht von hinten sieht, fällt das mit der Hose vielleicht gar nicht so sehr auf.

Meine Klassenkameraden stehen schon vor den Startblöcken. Auch Lena. Sie winkt mir zu. Ich würde ihr gerne zurückwinken. Kann ich aber nicht, weil ich mit beiden Händen die Hose festhalte. Ich habe Angst, sie sonst zu verlieren. Herr Kauffmann, der Ex-Boxer, steht am Beckenrand und hat eine Stoppuhr in der Hand. Weil bei ihm alles etwas verzögert ist, startet er sie erst, wenn der Schwimmer längst im Wasser ist. Das ist aber egal, weil sich das beim Anschlag wieder ausgleicht. Da ist er auch immer viel zu spät mit dem Stoppen.
Als schon fast alle im Wasser sind und ihre Bahnen schwimmen, stehe ich immer noch mit dem Rücken an der Wand.
»Los, Kai! Jetzt du!«, ruft Kauffmann mir aufmunternd zu.

Ich nehme Anlauf, sprinte auf den Startblock und springe schnell mit einem Köpper ins Wasser. Das hätte SUPERFROSCH auch nicht besser hinbekommen.
Als ich wieder auftauche und anfange zu kraulen, merke ich, dass etwas fehlt. COOLMAN ist es nicht. Der fehlt zwar auch, weil er sich nicht mal in die Nähe des Schwimmbeckens traut und in der Umkleidekabine auf mich wartet. Aber den meine ich nicht. Was fehlt, ist Antis Bikinihose.
Aus lauter Panik beginne ich, wie wild zu kraulen. Es dauert ein paar Züge, ehe ich wieder klar denken kann. Solange ich im Wasser bin, ist alles halb so schlimm. Da kann man sowieso nichts sehen. Ich schwimme einfach meine Bahnen, und wenn ich fertig bin, tauche ich schnell nach der Hose und ziehe sie wieder an. Alles kein Problem.

Mein Plan geht auf. Keiner merkt was. Erst recht nicht Kauffmann. Der sowieso nicht. Und Lena zum Glück auch nicht. Viermal kraule ich das Schwimmbecken rauf und runter. Dann habe ich es geschafft.
»Super, Kai! Das war toll!«, ruft Kauffmann mir zu, nachdem er eine Ewigkeit gebraucht hat, meine Zeit von seiner Stoppuhr abzulesen.
Mir bleibt nicht viel Zeit, mich zu freuen. Ich tauche, um am Boden des Schwimmbeckens nach Antis Hose zu suchen. Es dauert eine Weile, bis ich sie entdecke. Sie treibt über die Bodenkacheln auf den Abfluss zu. Obwohl ich noch einmal alles gebe, komme ich zu spät. Der Stoff verschwindet

mit einem gurgelnden Geräusch zwischen den Stäben des Abflussgitters.

Drei Fragen rasen mit Schallgeschwindigkeit durch meinen Kopf:

1) Wie komme ich je wieder aus diesem Becken raus?

2) Wie erkläre ich Anti, dass ihre Hose weg ist?

3) Gilt meine Zeit auch, wenn ich nackt geschwommen bin?

»Kai, du kannst jetzt langsam auch mal rauskommen«, ruft Kauffmann mir zu, als ich wieder auftauche.

Alle anderen sind längst aus dem Wasser geklettert und sitzen auf der geheizten Steinbank am Rand des Beckens.

»Ganz und gar unmöglich!«, rufe ich zurück.

Weil es Kauffmann ist, dauert es extralange, bis er endlich kapiert, was los ist. Eine weitere Ewigkeit braucht er, bis er die kichernden Mädchen in ihre Kabine gescheucht hat. Dann erst wirft er mir ein Handtuch zu, mit dem ich endlich aus dem Wasser steigen kann.

Ich renne schnell an meinen grölenden Mitschülern vorbei in die Umkleidekabine, wo COOLMAN schon auf mich wartet.

Ich springe in die Höhe und greife ins Leere. Natürlich greife ich ins Leere. COOLMAN existiert nicht und also auch nicht die Bikinihose, die er noch immer in der Hand hält. Ich werde langsam wirklich wahnsinnig.

Als ich umgezogen bin und mit nassen Haaren aus der Kabine komme, steht Lena im Gang. Sie lächelt mir freundlich zu und plötzlich ist da wieder dieser Duft von Vanille in der Luft.

»Das kann jedem passieren«, sagt sie.

»Passiert aber nicht jedem«, sage ich.

»Ich fand's lustig«, sagt sie und lacht.

»Eben«, sage ich und lache nicht.

Nebeneinander steigen wir die Treppe hoch, die vom Schwimmbad auf den Schulhof führt, und plötzlich klappt es mit dem Reden. Ich kann mich richtig mit ihr unterhalten, über Musik, Filme, Bücher ... einfach über alles. Ohne zu stottern oder unfreiwillig irgendwelchen Blödsinn zu sagen. Es ist fast so, als würde ich mit einem Jungen reden. Nur besser. Irgendwie.

Oben auf dem Schulhof fangen mich Alex und Justin ab.
»Süße Schnitte hast du dir da angelacht, Alter«, sagt Alex und zeigt grinsend auf Lena.
»Die Schnitte knallt dir gleich eine«, erwidert Lena.
Alex geht sofort einen Schritt zurück, weil er schon mit Anti schlechte Erfahrungen gemacht hat. Mädchen in meiner Begleitung sollte man nicht unterschätzen. Das hat Alex gelernt und das ist für einen wie ihn eine enorme geistige Leistung.
»War doch ein Kompliment, echt«, kommt Justin seinem Freund zu Hilfe.
»Auf solche Komplimente kann ich verzichten«, antwortet Lena, immer noch sauer.
»Komm, Alter! Wir wollen dich jemandem vorstellen«, sagt Alex zu mir, ohne seinen Sicherheitsabstand zu Lena aufzugeben.
»Ich will aber niemandem vorgestellt werden«, antworte ich.
»Es ist echt besser, du kommst mit. Glaub mir, echt.« Justin zieht mich hinter sich her zum Schulgarten. Ich sehe mich nach Lena um, aber die ist schon auf dem Weg zu den anderen Mädchen, die etwas abseits beisammenstehen.

Im Schulgarten treffen sich in den Pausen die ganz, ganz Coolen zwischen Stachelbeersträuchern, Blumenbeeten und Tomatenpflanzen. Okay, das klingt jetzt nicht so wirklich cool. Aber wegen der hohen Hecken, die den Garten umgeben, ist man da vor den Blicken der Lehrer geschützt. Aus meiner Klasse war noch nie jemand dort. Man kann da auch

nicht einfach in der Pause hinmarschieren und sagen »Hallo, hier bin ich«. Man braucht eine Einladung, um in den Klub der Supercoolen aufgenommen zu werden.
Justin und Alex schieben mich durch das kleine Holzgatter in den Garten, wo Spinne und seine Clique neben einem Rosenstrauch schon auf mich warten. Spinne ist der ungekrönte König der Schule. Das weiß sogar ich, obwohl ich hier noch ganz neu bin. Spinne fährt ein frisiertes Mofa, trägt eine rote Lederjacke und ist so cool, dass selbst COOLMAN dagegen wie ein heißes Würstchen wirkt.

»Ich habe gehört, du bist cool«, begrüßt mich Spinne.
Ich weiß nicht, was die richtige Antwort ist. Deswegen zucke ich erst mal nur mit den Schultern. Ich hoffe, das sieht cool aus.
»Deine Schwester soll so 'ne Art Ninja-Kämpferin sein. Deine Party steht jetzt schon auf der ewigen Rangliste der besten Feten, und das auf Platz drei. Und beim Schwimmen heute sollst du nackt auf dem Dreimeterbrett getanzt haben, erzählt man sich auf dem Schulhof. Respekt, Alter!«
»Na ja, das stimmt nicht ganz. Eigentlich ...«

»Na ja, das stimmt nicht ganz«, fange ich noch mal von vorne an. »Du hast vergessen, dass ich in einem Müllcontainer den Schulberg runtergesaust bin und mit meiner Schwester beinahe einen Supermarkt ausgeraubt hätte. Außerdem weiß ich, wo man Pässe herkriegt, wenn man schnell mal verschwinden muss. Oder auch 'ne Wumme.«
»'ne Wumme?«, fragt Spinne, der Anfänger.
»'nen Ballermann, 'nen Engelmacher, 'ne Pistole«, erkläre ich ihm nachsichtig.
Von Adolf Schmitz erzähle ich lieber nichts, weil das irgendwie nicht so cool klingt, finde ich.
»Du bist ein echter Profi, was? So einer hat uns gefehlt.« Spinne sieht anerkennend zu Alex und Justin hinüber.
Die beiden strahlen glücklich, weil sie durch ihre Freundschaft zu mir in Spinnes Wertschätzung ein paar Plätze nach oben geklettert sind.
»Willkommen im Klub! Du kannst jetzt in den Pausen immer zu uns kommen«, sagt Spinne und bietet mir ein Kaugummi an.
»Danke, ich kaue nicht«, antworte ich höflich. »Und eigentlich bin ich lieber hinten auf dem Schulhof bei meinen ...«
Mit einem Mal verschwindet das freundliche Lächeln aus Spinnes Gesicht.
»Ich glaube, du hast mich nicht verstanden. Du gehörst jetzt zu uns und nächste Woche kriegst du auch so was.«
Spinne hält mir seinen Unterarm hin. Auf die Haut ist eine Spinne tätowiert. Sie hat nur sechs Beine, aber ich traue

mich nicht, ihn auf den Fehler hinzuweisen, weil ich nicht als Streber gelten will.

»Danke für das Angebot, aber ich ...«

»Das war kein Angebot. Das war ein Befehl.«

Wenn ich ehrlich sein soll, habe ich auf keinen von COOLMANs Vorschlägen so richtig Lust. Außerdem brauche ich eher einen Tipp von ihm, wie ich aus der Sache ohne Tattoo wieder rauskomme. Ich will keine Tätowierung. Nicht einmal, wenn die Spinne acht Beine hätte. Doch wenn man wirklich mal was von ihm braucht, ist COOLMAN natürlich auf Sendepause.

»Ich würde ja furchtbar gerne, aber ich kann nicht«, beginne ich vorsichtig.

»Warum nicht?«, fragt Spinne misstrauisch.

»Weil ... weil ...« Plötzlich habe ich den rettenden Einfall.

»Na, weil die Kerle mit den falschen Pässen und den Knarren mich auch schon gefragt haben, ob ich bei ihnen mitmachen will.«

Spinne guckt weiter skeptisch, deswegen lege ich noch einmal nach: »Wir haben auch viel größere Tattoos als ihr. Wir haben alle einen ... einen ... einen Dino auf der Schulter. Deswegen nennen wir uns auch die Dinos.«

Etwas Größeres als Dinosaurier fällt mir im Moment nicht ein.

»Wow!«, sagt Spinne und sieht ziemlich beeindruckt aus.

»Kann ich das mal sehen?«

»Das nächste Mal ... vielleicht«, weiche ich aus.

Der Schulgong rettet mich vor weiteren Fragen.

»Bestell den Dinos schöne Grüße von mir«, ruft Spinne.

»Vielleicht kannst du mich denen mal vorstellen. Und das nächste Mal zeigst du uns dein Tattoo. Versprochen?«

Manchen Leuten kann man wirklich einfach alles erzählen, denke ich, als ich davonschlendere, ohne mich noch einmal umzudrehen.

Der Rest des Schultags verläuft ohne besondere Vorkommnisse. Das bedeutet leider auch, dass Lena nicht mehr mit mir spricht. Zweimal erwische ich sie, wie sie mich im Unterricht heimlich anstarrt. Auf ihrer Stirn hat sie dabei so eine zweifelnde Falte. Das ist kein gutes Zeichen. Ausgerechnet jetzt, wo ich mit ihr reden konnte, ohne zu stottern oder Blödsinn zu erzählen. Aber wahrscheinlich passen ihr meine neuen Freunde nicht. Geht mir selbst ja genauso.
Ach ja, dann ist doch noch etwas passiert. Unsere Klassenlehrerin hat uns daran erinnert, dass am Dienstag die Kostümparty ist. Dienstag ist schon morgen, und ich habe nicht die geringste Ahnung, als was ich mich verkleiden soll.

Danke, COOLMAN. Ich denke drüber nach.

10. Kapitel
Verloren im Fundus

Auf dem Weg nach Hause schaue ich kurz bei Adolf Schmitz vorbei. Was soll ich machen? Er hat mich in der Hand. Er kann jederzeit bei der Polizei anrufen und mich ans Messer liefern.

Ich steige durch dasselbe Flurfenster ein, durch das ich das letzte Mal entkommen bin. So erspare ich mir den gefährlichen Weg durch den Empfang des Altersheims vorbei an den Omas, die dort scheintot arglosen Kindern auflauern.

Als ich anklopfe, öffnet Adolf Schmitz sofort. Er hat einen Anzug an und sieht deutlich gepflegter aus als gestern.

»Komm rein, Jungchen!«, begrüßt er mich und zieht mich in sein Zimmer, das heute ziemlich aufgeräumt aussieht.

Der Tisch ist gedeckt, als hätte er auf mich gewartet: eine Flasche Cola, ein Teller mit Keksen, zwei Gläser. In einem davon schwimmt ein Gebiss in einer trüben Flüssigkeit.

»Oh, pardon«, sagt Adolf Schmitz, als er meinen Blick bemerkt. Schnell nimmt er seine Zähne aus dem Glas und stopft sie sich in den Mund. »Komm, Jungchen, setz dich!«

Adolf Schmitz grinst mich an und nickt wissend.
»Wie heißt denn deiner, Jungchen?«, fragt er.
»Wie bitte?«
»Meiner heißt SUPERWILHELM.«
Ich starre Adolf Schmitz an, als hätte er mir gestanden, dass er ein weltweit gesuchter Massenmörder ist, der es auf kleine Jungs mit unsichtbaren Begleitern abgesehen hat.

»SUPERWILHELM begleitet mich, seit ich fünf bin«, fährt Adolf Schmitz fort. »Ein schrecklicher Besserwisser. Aber was will man machen?! Man kann sie sich nicht aussuchen. Nicht wahr, Jungchen?«
»COOLMAN«, murmele ich leise. »Meiner heißt COOLMAN.«
»Auch nicht viel besser als SUPERWILHELM.«

»Nimm dir doch einen Keks, Jungchen. Hab ich extra für dich gekauft.«
Mechanisch greife ich nach einem Keks.

Als ich hineinbeiße, werden mir plötzlich drei Dinge klar:

1) Die Kekse sind tatsächlich frisch.
2) Ich bin nicht der Einzige mit einem unsichtbaren Begleiter.
3) Ich und COOLMAN werden gemeinsam alt werden.

HILFE!

»Kannst dir was drauf einbilden, Jungchen. Gibt nicht viele von unserer Sorte«, erklärt Adolf Schmitz und greift selbst zu den Keksen. »Der Vorteil an den Kerlchen ist: Man ist nie alleine. Aber glaub mir, auf Dauer ist man trotzdem ziemlich einsam. Da wünscht man sich jemanden, mit dem man reden kann. So richtig reden, meine ich.«
Adolf Schmitz starrt auf den Keks, den er immer noch in der Hand hält. »Willst du SUPERWILHELM mal sehen?«
»Ich dachte, die kann niemand sehen. Ich meine, außer man selbst natürlich.«
»Na, dann pass mal gut auf, Jungchen.«
Adolf Schmitz legt den Keks zurück und knöpft sein Hemd auf. Sein ganzer Oberkörper ist mit Tätowierungen übersät. Es gibt ganze Wälder und Gebirgszüge, die sich über Adolf Schmitz' schmächtige weiße Brust erstrecken. Auf dem

Bauch darunter liegt eine Wüste, durch die eine Karawane zieht. Und an seinem Nabel befindet sich eine Oase, an der eine Karawane mit zehn Kamelen rastet. Darum herum sind ganz viele Sanddünen, über denen Geier kreisen, und wenn man genau hinsieht, kann man auf der Haut sogar die ausgeblichenen Gerippe verdursteter Reisender entdecken. Es ist ein richtiges Kunstwerk und es gibt mehr zu gucken als in einem Comic.

»Das hier, das ist er!« Adolf Schmitz zeigt auf das Bild eines Superhelden, der jubelnd einen gewaltigen Pokal in die Höhe stemmt. Diese unsichtbaren Typen scheinen tatsächlich alle gleich zu ticken.

»Haben Sie das selber gemacht?«

»Klar! Bin ja der Einzige, der weiß, wie er aussieht.«

»Und die anderen Bilder?«

»Alles Marke Eigenbau. Bin lange zur See gefahren, da hat man viel Zeit. Das mit dem Anheuern war auch so eine Idee von SUPERWILHELM. Man sollte nicht so oft auf sie hören, Jungchen. Gibt nur Ärger.«

»Wem sagen Sie das!«, antworte ich müde.

Da kommt mir plötzlich eine Idee.

»Könnten Sie mir auch so etwas machen?«

»Was?«

»So eine Tätowierung?«

»Kleinigkeit, Jungchen. Womit soll ich es dir denn stechen? Mit einer Sicherheitsnadel oder mit der angeritzten Mine von einem Kugelschreiber? Hat beides Vor- und Nachteile.«

»Ich dachte eher an einen Filzstift oder so was«, erwidere ich kleinlaut.

»Aber das hält doch nicht lange, Jungchen.«

»Muss es auch nicht. Ein Dino wäre toll!«

»Meinetwegen. Pass auf, das geht ruck, zuck«, erwidert Adolf Schmitz und holt einen schwarzen Stift aus einer Schublade. »Wo soll der Dino denn hin?«

»Hinten auf meine Schulter«, antworte ich und ziehe mir mein Kapuzenshirt aus.

Es dauert keine zehn Minuten, da verkündet Adolf Schmitz hinter mir auch schon zufrieden: »Fertig, Jungchen!«

Er holt einen Spiegel, damit ich sein Werk bewundern kann. Auf meiner Schulter hockt ein zierliches, flauschiges Wesen auf seinen Hinterbeinen. Es sieht ziemlich niedlich aus und überhaupt nicht Furcht einflößend.
»Was ist das da auf meiner Schulter?«, rufe ich erschrocken.
»Das ist ein Gasparinisaurus«, erklärt Adolf Schmitz stolz. »Das war ein Pflanzenfresser, nicht viel größer als ein Truthahn. Hat in Argentinien gelebt. Hab die Knochen da selbst im Museum gesehen, Jungchen.«
»Ich dachte, Sie machen mir einen Tyrannosaurus Rex. Irgendetwas Riesiges, Bedrohliches. Irgendwas, wovor jeder Schiss hat!«
»Das hättest du mir vorher sagen müssen, Jungchen. Du wolltest einen Dino, jetzt hast du einen. Ist eine Spezialtinte, die hält zwei Wochen. Mindestens.«

Adolf Schmitz hilft mir, als ich durchs Flurfenster nach draußen klettere. Er mag die alten Ladys, die im Empfangsraum lauern, auch nicht. Ich gebe es nicht gern zu, aber der Alte wird mir immer sympathischer. Trotz des Kuscheldinos, den er mir auf meine Schulter gemalt hat. Vielleicht hätte ich mich ja wirklich genauer ausdrücken müssen.
Ich verspreche Adolf Schmitz, ihn bald wieder zu besuchen. Er will mir ein paar Tipps geben, wie man seinen unsichtbaren Superhelden besser in den Griff bekommt. Ich glaube, von Adolf Schmitz kann ich noch einiges lernen.

»Wo ist mein Bikini, du dreckiger kleiner Dieb?«, begrüßt Anti mich liebevoll, als ich nach Hause komme. Sie hat sogar ihre Haare aus dem Gesicht gestrichen, um mich wütend anfunkeln zu können. Ihre Augen sind übrigens blau, genau wie ich schon vermutet habe.

»Ich musste mit deiner roten Badehose schwimmen! Das war so was von peinlich!« Die Farbe meiner Badehose scheint sie mehr aufzuregen als das fehlende Oberteil.

»Es tut mir leid. Das war eine Verwechslung und für mich war das auch nicht schön«, stammele ich.

»Und wo ist er jetzt?«

»Ich will ihn noch waschen. Dann kriegst du ihn sauber und gebügelt zurück«, lüge ich, um Zeit zu gewinnen.

Ich habe gesehen, was sie mit Alex und Justin gemacht hat.

Da brauche ich nicht viel Fantasie, um mir vorzustellen, was sie mit mir macht, sobald sie herausfindet, dass ihre Bikinihose in diesem Augenblick irgendwo durch die Kanalisation unseres kleinen Städtchens treibt.
»Was ist denn hier los?« Meine Mutter kommt aus dem Keller. In ihren Händen hält sie einen Klumpen Ton.
»Hey, das sieht gut aus! Was soll das werden?«, schleime ich, um einen Verbündeten zu gewinnen.
»Das ist ein Klumpen Ton, du Schleimer. Ich habe noch gar nicht angefangen«, antwortet meine Mutter.
»Morgen ist mein Bikini wieder da. Sonst ...«, faucht Anti mich an. Dann dreht sie sich um und verschwindet türknallend in ihrem Zimmer.
»Was war denn jetzt schon wieder?«, fragt meine Mutter.
»Nichts Besonderes«, antworte ich und wechsle schnell das Thema. »Ich brauche noch ein Kostüm für das Fest morgen.«
Das war clever von mir. Sehr clever sogar. Meine Mutter liebt Verkleidungen. Sonst wäre sie nicht Schauspielerin geworden. Noch mehr aber liebt sie es, andere Leute zu verkleiden. Besonders mich.
»Warum sagst du das erst jetzt?«, ruft meine Mutter entzückt und strahlt mich an.
Es ist so leicht, sie glücklich zu machen.
»Warte, ich wasche mir schnell die Hände und dann fahren wir ins Theater. Im Fundus finden wir bestimmt was Schönes für dich.«

Der Fundus ist neben dem Theater in einem alten Gebäude mit schiefen Böden und abgelaufenen Dielen untergebracht. Der Fundus ist riesig. Überall hängen Kostüme aus alten Theateraufführungen herum. Hier gibt es nichts, was es nicht gibt: Gorillas, Aliens, Römer, Meerjungfrauen, Zebras, Ritter, Pharaonen, Obst und Gemüse, Löwen, Indianer, Elefanten, die sieben Zwerge, Drachenköpfe und natürlich auch eine tolle Superman-Verkleidung.

Meine Mutter findet Superman anscheinend auch nicht so super. Sie zieht mich schnell weiter in die Ecke, in der die Obst- und Gemüsekostüme lagern. Direkt gegenüber von den Fischen, Meerjungfrauen und anderen Seeungeheuern. Von meinen niederschmetternden Erfahrungen als Aubergine hatte ich ja schon erzählt. Ich bezweifle, dass es als Mohrrübe oder Zucchini besser gelaufen wäre. Und das gilt genauso für einen Auftritt als Kartoffel, Erbse, Lauchstange, Champignon, Banane, Birne, Erdbeere, Apfelsine, Ananas oder Kiwi.
Meine Mutter sieht das anders.
»Ich zieh das nicht an!«, rufe ich entsetzt, als sie zwischen den ganzen Stoffen zielsicher ein Spargelkostüm herausfischt.
»Du bist ganz bestimmt der einzige Spargel unter lauter langweiligen Cowboys und Geheimagenten«, versucht sie mich zu überreden.
»Und das aus gutem Grund. Weil nämlich niemand ein Spargel sein möchte. Niemand und ich auch nicht«, erwidere ich trotzig.
»Schade, der Spargel hätte dir super gestanden.«
Seufzend hängt meine Mutter das Kostüm wieder zurück und greift nach einem riesigen runden Kürbiskostüm, das oben und unten ein Loch zum Reinkriechen hat.
»Und was ist damit?«
»Kein Kürbis! Überhaupt kein Gemüse!«, antworte ich entschlossen.

»Das ist doch kein Kürbis. Das ist ein Granatapfel, und der ist kein Gemüse, sondern Obst. Zieh ihn doch einfach mal an«, sagt meine Mutter. »Bitte, bitte, bitte! Tu es für mich. Ich leg dann auch ein gutes Wort bei deinem Vater wegen der kaputten Platten ein.«

»Ist er noch sehr sauer?«

»Sehr.«

»Wie sehr?«

»Sehr sehr. Aber ich bin froh, dass sie weg sind. Ich liebe deinen Vater wirklich. Aber sein Musikgeschmack ist einfach schrecklich. Also, was ist jetzt mit dem Kostüm? Wenn es dir nicht gefällt, kannst du es gleich wieder ausziehen.«

Ich stülpe mir die Verkleidung über den Kopf. Das ist gar nicht so einfach. Es gibt keinen Ausgang für die Arme, und auch die Löcher für die Beine sind so eng, dass ich mich nur hüpfend fortbewegen kann. Sehen kann ich auch nicht viel, weil ich den Kopf in den Nacken legen muss, um überhaupt oben herausschauen zu können.

»Du siehst so süß aus!«, schwärmt meine Mutter. »Soll ich dir einen Spiegel holen, damit du dich sehen kannst?«

»Nicht nötig«, erwidere ich. »Ich habe es angehabt. Jetzt zieh ich es wieder aus. Hilfst du mir?«

Mit kleinen Sprüngen hüpfe ich auf meine Mutter zu. Weil ich nicht sehen kann, was auf dem Boden liegt, stolpere ich dabei über fünf lange Stoffarme. Sie gehören zu einem Krakenkostüm aus der Seeungeheuer-Abteilung nebenan.

Ich habe nicht den Hauch einer Chance. Ich stolpere und kippe zur Seite. Wenigstens falle ich weich, weil der Granatapfel gut gepolstert ist. Doch die Freude darüber währt

nicht lange. Durch den Schwung fange ich an zu rollen, ohne etwas dagegen tun zu können. Und weil der Boden so abschüssig ist, werde ich immer schneller und schneller. Alles dreht sich, während ich einen Kostümständer nach dem anderen abräume, als wäre ich eine Bowlingkugel.
Längst habe ich jegliche Orientierung verloren. Ich habe keine Ahnung, wo oben oder unten ist, rechts oder links. Das geht noch eine ganze Weile so weiter. Dann steht mit einem Mal alles still. Irgendwer oder irgendetwas hat mich gestoppt. Trotzdem dreht sich in meinem Kopf immer noch alles. Auch das Gesicht, das sich plötzlich über mich beugt. Ehe ich sie erkenne, rieche ich ihren Duft.
Es ist Lena.
»Wow! So einen dicken Kürbis habe ich noch nie gesehen.« Lena lacht und hilft mir auf die Beine.
»Das ist kein Kürbis, das ist ein Granatapfel«, lalle ich, weil mir furchtbar schwindelig ist.
Ich schwanke und muss mich an Lena anlehnen, damit ich nicht wieder umkippe. Sie scheint nichts dagegen zu haben. Verschwommen sehe ich meine Mutter durch den völlig verwüsteten Fundus auf uns zulaufen. Sie kommt nicht besonders schnell voran, weil überall Kostüme auf dem Boden verstreut liegen. Ich ahne, dass ich irgendwie an dieser Verwüstung schuld bin. Irgendwie aber auch nicht. Schließlich war das mit dem Granatapfel nicht meine Idee.
»Wie kommst du denn hierher?«, frage ich Lena, als ich wieder halbwegs geradeaus denken kann.

»Ich bin hier, weil ich ein Kostüm für morgen suche«, antwortet Lena.
»Aber wie kommst du hier rein?«
»Meine Eltern haben Kontakte«, antwortet Lena kurz.
»Alles in Ordnung?« Meine Mutter hat uns endlich erreicht und mustert Lena neugierig.
»Das ist Lena«, stelle ich Lena vor. »Sie geht in meine Klasse.«
»Findest du nicht auch, dass ein Spargelkostüm Kai viel besser stehen würde als dieser Granatapfel?«
»Ich kann das schlecht beurteilen. Ich habe Kai noch nie als Spargel verkleidet gesehen«, antwortet Lena diplomatisch.
»Das solltest du aber! Darin sieht er zum Verlieben aus«, schwärmt meine Mutter.
»Warum eigentlich nicht?«, sagt Lena und zwinkert mir zu.
»Auf gar keinen Fall!«, mische ich mich ein. Ich habe das ungute Gefühl, dass der Wortwechsel zwischen den beiden Frauen irgendwie an mir vorbeiläuft. »Ich werde mich weder als Obst noch als Gemüse verkleiden!«
»Was ist mit Käse?« Meine Mutter lässt einfach nicht locker.
»Überhaupt kein Lebensmittel! Ich gehe auch nicht als Kotelett oder halbes Hähnchen. Versuch es gar nicht erst.«
»Schade. Als halbes Hähnchen wärst du bestimmt ziemlich heiß gewesen«, sagt Lena und grinst.
»Als was gehst du denn?«, frage ich.
»Als Himbeertörtchen«, antwortet Lena.
»Wirklich?!«, rufen meine Mutter und ich gleichzeitig.

Meine Mutter völlig begeistert.
Ich völlig entsetzt.
»Lass dich überraschen. Du siehst es morgen noch früh genug. Tschüss!«
Lena dreht sich um und geht.
»Ein nettes Mädchen«, sagt meine Mutter, und da hat sie ausnahmsweise recht. »Und ich weiß jetzt auch, als was du morgen gehst.«
»Kein Lebensmittel!«
»Nicht direkt. Zumindest nicht bei uns«, weicht meine Mutter aus und zieht mich hinüber zu den Tierkostümen.

»Die Mädchen werden sich darum reißen, dich küssen zu dürfen. Vor allem die Kleine von vorhin«, sagt meine Mutter, als wir mit dem Wagen nach Hause fahren.

Ich bin zu schwach, um mich mit COOLMAN zu streiten. Ich bin auch zu schwach, meiner Mutter zu widersprechen. Ich war ja auch schon zu schwach, mich gegen ihren Kostümvorschlag zu wehren.
Das Kostüm, das sie ausgesucht hat, liegt auf dem Rücksitz. In einer Papiertüte daneben liegt ein Bikini aus glänzenden, tiefschwarzen Krähenfedern. Ich habe ihn im Fundus entdeckt und für Anti mitgenommen. Ich glaube, er wird ihr gefallen.

11. Kapitel
Ein Frosch zwischen zwei Blumen

Meine Eltern bestehen darauf, mich persönlich zu dem Kostümfest zu fahren. Sie haben heute keine Vorführung. Auf der einen Seite bin ich froh, dass sie nicht nackt auf der Bühne stehen. Auf der anderen Seite haben sie dadurch Zeit. Viel zu viel Zeit, wenn ihr mich fragt.

»Irgendetwas ist mit dem Wagen nicht in Ordnung. Ständig ist der Sitz verschoben«, brummt mein Vater, als er einsteigt. »Ich werde ihn mal in die Werkstatt bringen müssen.«

Mein Vater weiß nichts von Antis heimlichen Spritztouren, und ich bin der Letzte, der es ihm verraten würde. Anti hat der Krähenfedernbikini gefallen. Sehr sogar. Deswegen herrscht zwischen uns beiden gerade so etwas wie Waffenstillstand, und ich habe keinen Grund, den leichtfertig aufs Spiel zu setzen.

Den Rest der Fahrt über sagt mein Vater kein Wort. Er ist immer noch sauer wegen seiner Plattensammlung.

Auch Mama sagt nicht viel. Sie strahlt die ganze Zeit glücklich in den Rückspiegel, weil sie mich in meinem Kostüm so süß findet.

Mir ist das egal. Wenn sie schweigen, erzählen sie wenigstens keinen Unsinn und mir ist sowieso nicht nach Reden zumute. Ich muss mich konzentrieren.

Ich habe mir für das Kostümfest etwas vorgenommen. Etwas sehr, sehr Wichtiges. Es hat mit Lena zu tun. Mehr verrate ich nicht.

Mir macht COOLMAN nichts vor. Er ist nur eifersüchtig auf Lena.

»Amüsier dich schön!«, sagt meine Mutter, als ich auf dem Schulparkplatz aussteige.

»Wir warten hier auf dich«, ergänzt mein Vater.
»Ihr tut was?«
»Wir warten hier auf dich, bis die Feier zu Ende ist«, wiederholt meine Mutter, als wäre es für sie das Selbstverständlichste von der Welt, die nächsten drei Stunden auf dem Parkplatz zu hocken.
Um zu beweisen, dass sie an alles Nötige gedacht hat, holt sie eine Butterbrotdose mit belegten Schnittchen und eine Thermoskanne heraus.
Ich bin mir nicht sicher, ob sie sich wirklich Sorgen um mich machen oder ob das nur eine weitere Strafe für die Orgie am Wochenende ist.
Immerhin lassen sie mich alleine zum Eingang gehen. Auf dem Weg dorthin kann nicht viel passieren, weil der ganze Parkplatz voll ist mit Autos, in denen besorgte Eltern Käsebrote essen, Thermoskannentee trinken und auf ihre Kinder warten. Das muss so eine Art lokale Tradition sein, die die Einheimischen hier seit Generationen pflegen. Wahrscheinlich haben sie früher schon in Pferdekutschen auf ihren feiernden Nachwuchs gewartet.

In einem der Wagen entdecke ich den Bürgermeister. Er hockt mit seiner Frau, dem rosa Pudel aus dem Theater, auf dem Rücksitz einer großen Limousine. Vorne sitzt ein Chauffeur und blättert gelangweilt in einer Zeitung. Ich hatte gar nicht gewusst, dass die auch ein Kind an meiner Schule haben.

Wo COOLMAN recht hat, hat er recht. Vielleicht ist das wirklich eine gute Gelegenheit.
Ich gehe auf den Wagen zu. Als der Bürgermeister mich unter meiner dicken grünen Schminke erkennt, lässt er schnell die Seitenscheibe hochfahren und betätigt panisch die Zentralverriegelung.
»Was willst du? Hast du nicht schon genug Unglück angerichtet?«, ruft seine Frau gedämpft durch die Scheibe. Ihr Auge leuchtet nicht mehr blau, sondern lila, und die Schwellung ist auch schon fast verschwunden.
»Ich wollte mich entschuldigen!«, schreie ich, damit sie mich da drinnen auch verstehen können. »Es tut mir leid! Wirklich! Das wollte ich Ihnen nur sagen.«
»Das hast du ja jetzt gesagt. Also verschwinde endlich!«
Mit einer herablassenden Handbewegung scheucht mich der Bürgermeister davon, als wäre ich ein lästiger Brummer.
Sollte der unwahrscheinliche Fall eintreten, dass er immer noch im Amt ist, wenn ich groß bin, werde ich ihn bestimmt nicht wählen.

Das Fest findet in der Turnhalle statt. Aus allen Richtungen strömen Cowboys, rosa Prinzessinnen, Indianer, rosa Prinzessinnen, Ritter und noch mehr rosa Prinzessinnen auf den Eingang zu. Meine Mutter kann stolz auf ihre Kostümauswahl sein.

Ich bin weit und breit der einzige Frosch.

Leider nur ein ganz gewöhnlicher und nicht SUPERFROSCH, sonst würde ich die drei Piraten, die an der Tür stehen und lachend mit ihren Fingern auf mich zeigen, mit meiner Peitschenzunge zum Schweigen bringen.

So aber beachte ich sie gar nicht. Ich habe Wichtigeres zu tun. Ich kaufe mir für zwei Euro eine Eintrittskarte und betrete die Turnhalle. An der Decke hängen Strahler, die den Raum abwechselnd in Rot, Grün und Blau leuchten lassen.

Im Lichtkegel eines der Strahler tauchen Spinne, Alex und Justin auf. Sie kommen direkt auf mich zu.

Alex und Justin haben sich eine besonders ausgefallene Verkleidung einfallen lassen. Sie haben ihre Jacken getauscht. Alex geht als Justin und Justin geht als Alex. Als was Spinne geht, kann ich beim besten Willen nicht erkennen. Er sieht aus wie immer, abgesehen von dem roten Netz, das er in der Hand trägt. So ein Netz, in dem man Orangen verkauft.

»Rate mal, als was wir gehen, Alter!«, sagt Alex.
»Kommst du nicht drauf, echt«, sagt Justin.
»Du hast dich als Alex verkleidet und du dich als Justin«, antworte ich den beiden. Es fehlt nicht viel, und sie fallen vor mir auf die Knie, weil ich ihr Rätsel so schnell gelöst habe. Dabei hätte das jeder gekonnt. Abgesehen von Alex und Justin natürlich.
»Und als was habe ich mich verkleidet, Mister Oberschlau?« Spinne schubst Justin und Alex zur Seite und hält mir sein Netz direkt vor die Nase.
»Als Fischer?«
Spinne dreht sich zu Alex und Justin um. »Ich habe euch doch gesagt, so scheißklug, wie der tut, ist der gar nicht.« Dann wendet er sich wieder mir zu. »Ich gehe als Spinne, du Vollniete. Und das ist mein Netz.«
Spinne ist noch blöder, als ich gedacht habe, aber das sage ich ihm natürlich nicht.

»Hör zu, Kleiner«, fährt er fort. »Ich habe nachgedacht. Lange. Ich nehme dir die Dino-Banden-Geschichte nicht ab. Ich glaube, du hast uns angelogen. Aber Spinne lügt man nicht an.«

Alex und Justin stehen hinter Spinne. Die ganze Situation ist ihnen sichtlich unangenehm.

»Ich habe dich nicht belogen«, lüge ich.

»Ich wette, doch!« Mit einem Ruck zieht Spinne mir die Froschverkleidung über die Schulter, um zu sehen, ob da tatsächlich ein Dino-Tattoo ist. Neugierig drängen sich auch Alex und Justin näher.

»Was zum Teufel ist das für ein Ding, das da auf deiner Schulter hockt?« Spinne zeigt auf den kleinen Kuscheldino.

»Das ist ein Killermachinus Rex«, erkläre ich. »Das war der gefährlichste Raubdino der ganzen Trias. Der sah ganz harmlos aus, aber in Wahrheit war er eine tickende Zeitbombe. Jederzeit bereit, alles und jeden in Stücke zu reißen.« Ich mache eine kurze Pause und sehe Spinne genau in die Augen. »Genau wie ich.«

Spinne, Alex und Justin weichen gleichzeitig drei Schritte zurück.

»Der Rest der Dino-Bande wartet draußen auf dem Parkplatz auf mich«, fahre ich fort. »Du wolltest sie doch kennenlernen ...«

»Später vielleicht. Ich hab hier noch zu tun«, nuschelt Spinne, der es plötzlich ganz eilig hat, weil er im Schulgarten dringend etwas erledigen muss.

Alex und Justin strahlen mich an und halten anerkennend den kleinen Finger in die Höhe. Keine Ahnung, was das bedeuten soll, aber es sieht nett aus. Dann verschwinden sie mit Spinne im Gedränge.

Da ist COOLMAN nicht der Einzige. Die Tanzfläche ist voll, weil der DJ gerade einen Top-Ten-Hit aufgelegt hat. Ich halte Ausschau nach Lena, kann sie aber zwischen den vielen Tänzern nirgends entdecken.
Plötzlich legen sich mir von hinten zwei Hände vor die Augen. Sie riechen nach …
»Billiger Trick«, sagt Lena, als sie ihre Hände wieder wegnimmt. Ohne den Vanilleduft hätte ich sie gar nicht erkannt. Sie hat sich als Tulpe verkleidet und ihr Gesicht ist unter der roten Schminke kaum zu erkennen.
»Was denn für ein billiger Trick?«, frage ich verunsichert.
»Dein Froschkostüm! Du willst doch nur, dass die Mädchen dich küssen, um zu sehen, ob aus dir ein Prinz wird«,

sagt Lena und lacht, dass ihre Zahnspange im Discolicht glitzert.
»In dem Märchen hat die Prinzessin den Frosch aber gar nicht geküsst. Sie hat ihn an die Wand geworfen«, verteidige ich mich.
»Aber dein Tulpenkostüm ist klasse«, schiebe ich schnell hinterher, um etwas Nettes zu sagen und nicht als Besserwisser dazustehen.
»Mit Märchen kennst du dich wohl besser aus als mit Blumen, oder?«, fragt Lena.
»Warum?«
»Weil ich keine Tulpe, sondern eine Rose bin!« Lena sieht mich lange an. »Du bist wirklich ein Vollidiot. Aber ich mag dich.«
»Ich auch«, antworte ich.
»Du magst dich auch?« Lena guckt mich amüsiert an.
»Nein! Doch! Natürlich auch. Ich wollte sagen, ich mag dich. Ich mag dich auch«, stottere ich.
»Weiß ich doch längst«, sagt Lena und nimmt meine Hand.
Ich lasse es geschehen. Ich bin unfähig, mich zu wehren oder auch nur ein einziges Wort zu sagen. Lena sagt auch nichts, sondern lächelt mich nur schweigend an.
»Sind wir jetzt zusammen?«, ist das Erste, was mir nach einer Ewigkeit einfällt.
»Schnellmerker!«, erwidert Lena und zieht mich zu den anderen auf die Tanzfläche.

Lena fängt an zu tanzen und das sieht toll aus. Ich könnte ihr ewig dabei zuschauen, aber das sähe wahrscheinlich ziemlich doof aus. Also beginne ich, mich auch zu bewegen. Die Musik ist gut. Mein Fuß fängt von ganz allein an zu wippen. Dann die Knie, meine Hände, die Arme, die Hüften ... Ich bewege mich mit geschlossenen Augen. Ohne zu denken. Alles geht automatisch. Mein Kopf hat Urlaub, weil der Bass die völlige Kontrolle über meinen Körper übernommen hat. Es ist ein unglaublich tolles Gefühl.

Drei Dinge, die in diesem Augenblick einfach nur perfekt sind:
1) Lena
2) die Musik
3) COOLMAN, weil er ausnahmsweise die Klappe hält.

Ich drehe mich zur Musik im Kreis und lasse dabei die Arme rotieren, als wäre ich ein Propellerflugzeug. Dabei hüpfe ich im Takt auf und ab und schüttele meinen Kopf, sodass meine Haare in alle Richtungen fliegen. Ich bewege mich immer schneller und schneller und fühle mich einfach nur super.
Erst als das Stück zu Ende ist und die Musik leiser wird, öffne ich meine Augen wieder.
Und mache sie sofort wieder zu.
Lena und die anderen Tänzer haben aufgehört zu tanzen. Sie bilden einen Kreis um mich und starren mich an,

als wäre ich gerade mit meinem Raumschiff mitten in ihrer Turnhalle gelandet. Nur Lena grinst, als hätte sie gar nichts anderes von mir erwartet.

Die anderen gucken uns nach, als Lena mich von der Tanzfläche schiebt.
»Das mit dem Tanzen musst du noch üben«, sagt sie, als wir die Bar erreichen, an der die Oberstufenschüler Getränke verkaufen. Lena bestellt eine Limonade. »Aber keine Sorge, ich bringe es dir bei. Wenn ich vom Klo zurück bin.«
Lena reicht mir ihre Limo und verschwindet in Richtung der Mädchentoiletten.

Ich lehne an der Bar und fühle mich unglaublich cool und erwachsen.

FALSCH!

Ich *bin* unglaublich cool und erwachsen.

Lässig lasse ich den Blick über die Tänzer schweifen. Zwischen den verschwitzten Körpern entdecke ich Herrn Kauffmann. Er trägt einen langen Bademantel mit Kapuze und seine alten Boxhandschuhe. Seine Bewegungen passen nicht so richtig zu dem Lied, das gerade läuft. Aber weil bei ihm ja immer alles etwas länger dauert, bewegt er sich sicher gerade zu dem Song, der davor gespielt wurde. Während er tanzt, schlägt er wilde Haken in die Luft. Es sieht aus, als stünde er in einem Boxring und nicht auf einer Tanzfläche.
Frau Maier ist auch da. Sie hat sich als Hippie verkleidet. Elfengleich schwebt sie mit geschlossenen Augen in einem langen wallenden Blümchenkleid über das Parkett. Ihr Weg und der von Kauffmann werden sich gleich kreuzen. Sie sind wie zwei Flugzeuge auf Kollisionskurs. Ich sehe es und kann nichts dagegen tun. Kauffmanns erster Haken streift Frau Maiers Ärmel, der nächste trifft sie genau am Kinn.
Als ich meine Klassenlehrerin erreiche, hat Kauffmann noch gar nicht kapiert, was gerade passiert ist.
»Sie haben Frau Maier k.o. geschlagen!«, rufe ich.
»K.o.? In der ersten Runde? Ich bin der Champion! Hurra! Ich bin der Champion!«, jubelt Kauffmann, und in diesem Augenblick ist allen Umstehenden klar, dass er nicht mehr lange an unserer Schule bleiben wird.

Weil sich keiner um Frau Maier kümmert, knie ich mich neben sie auf den Boden. Sie ist immer noch bewusstlos und kommt erst wieder zu sich, als ich ihr Lenas Limonade ins Gesicht schütte.
»Peace, love and happiness«, sind ihre ersten Worte.
Dabei hätte sie ruhig mal Danke sagen können. Schließlich muss ich Lena jetzt eine neue Limo kaufen.
Ich stehe auf und schaue, ob Lena schon zurück ist. Es ist das erste Mal, dass ich mit einem Mädchen gehe. Da will ich keine Sekunde verpassen.

Ich bin nicht so feige, wie COOLMAN denkt. Ich trau mich das. Gar kein Problem. Ich werde einfach zu ihr hingehen und sie küssen. Ich darf das, weil wir zusammen sind.

Lena steht in ihrem Blumenkostüm an der Bar. Sie dreht mir den Rücken zu. Umso besser, dann kann ich sie überraschen. Ehe mich mein Mut verlässt, gehe ich zu ihr rüber. Ich lege meine Hand auf ihre Schulter und drehe sie schnell zu mir herum. Lena hat im Waschraum ihre Schminke erneuert und auch neues Parfüm aufgelegt. Sie riecht nicht mehr nach Vanille, sondern nach etwas anderem. Ihr alter Duft hat mir besser gefallen, aber darum geht es jetzt nicht. Es geht darum, es hinter mich zu bringen.

Mein erster Kuss!

Tapfer drücke ich meine Lippen auf ihre und wundere mich noch, warum ich ihre Zahnspange nicht spüre, als ich hinter mir einen lauten Schrei höre. Einen Schrei, der so laut ist, dass er locker die Musik übertönt.

Erschrocken drehe ich mich um.

Lena steht vor mir und knallt mir wortlos eine Ohrfeige auf die rechte Wange.

Ich drehe mich zu dem Mädchen um, das ich geküsst habe, und erkenne erst jetzt, dass es Anna aus der Parallelklasse ist, die ebenfalls als Blume zum Kostümfest gekommen ist. Langsam dämmert mir, dass sie als Tulpe und nicht als Rose verkleidet ist. Ich habe da wohl wieder irgendwelche Blumen durcheinandergebracht.

Anna holt aus und knallt mir ebenfalls eine. Diesmal auf die linke Seite.

»Ich hasse dich! Ich hasse dich! Ich hasse dich!«, brüllt Lena und läuft heulend aus der Sporthalle.

Was kann ich dafür, dass ich Blumen einfach nicht auseinanderhalten kann? Rosen oder Tulpen, was ist da bitte der Unterschied?
Die sehen doch alle gleich aus. Grüner Stängel, rote Blüte.

In meinem Froschkostüm hüpfe ich Lena hinterher, um das Missverständnis aufzuklären. Lena ist schnell. Sie ist schon fast über den halben Parkplatz, als ich ins Freie komme.
Sie läuft direkt auf eine große Limousine zu und mich überkommt eine fürchterliche Ahnung.
»Bitte lass sie vorbeilaufen, lieber Gott! Ich will auch jeden Sonntag in die Kirche gehen, wenn sie nicht in diesen Wagen einsteigt«, bete ich, weil es diesmal ja wirklich etwas Wichtiges und ganz und gar keine Kleinigkeit ist.
Aber natürlich läuft sie nicht vorbei. Wahrscheinlich ist Gott gerade irgendwo anders beschäftigt gewesen und hat keine Zeit für mich. Der Bürgermeister öffnet ihr die Tür und Lena springt zu ihren Eltern auf den Rücksitz.

Als ich den Wagen erreiche, ist die Tür längst wieder geschlossen und zentralverriegelt.
»Ich dachte, du wärst die Tulpe! Das war eine dumme Verwechslung. Rosen sind ja auch viel schöner. Glaub mir!«, rufe ich vergeblich.
Lena schaut mich gar nicht an und guckt starr geradeaus. Dafür funkelt mich die Frau des Bürgermeisters an. Ich bin sicher, sie würde mich mit Vergnügen öffentlich vierteilen lassen, weil ich ihrer Tochter das Herz gebrochen habe. Und noch wegen ein paar anderer Dinge. Der Bürgermeister schaut mich an, als hätte er von mir gar nichts anderes erwartet. Er gibt dem Chauffeur ein Zeichen und der braust mit quietschenden Reifen davon. In letzter Sekunde kann ich meine Froschflossen zurückziehen, sonst hätte er sie glatt überfahren.
Mit Vollgas biegt der Wagen auf die Straße ein.

Vom Eingang der Turnhalle winken mir Spinne, Alex und Justin. Sie rufen mir irgendetwas zu, das ich nicht verstehen kann. Wahrscheinlich denkt Spinne, dass in der Limousine die Dino-Bande saß. Ich lasse ihn in dem Glauben und schleppe mich zu dem Wagen meiner Eltern. Als ich dort ankomme, sitzen Romeo und Julia knutschend auf dem Rücksitz.
Das hat mir gerade noch gefehlt.
»Na, war es schön?«, begrüßt mich meine Mutter.
»Sehr schön«, antworte ich einsilbig.
»Du brauchst eine Freundin ...«, sagt mein Vater, den die Knutscherei versöhnlich gestimmt hat. »... das würde dich auch aufmuntern.«
»Danke für den Tipp. Können wir jetzt bitte nach Hause fahren?«
Mein Vater setzt sich hinter das Steuer, meine Mutter auf den Beifahrersitz. Die beiden sehen zu mir nach hinten, dann sehen sie sich an. Ich glaube, sie haben kapiert, dass ich an einer Unterhaltung nicht sonderlich interessiert bin.
Ich sitze auf dem Rücksitz und trauere meiner ersten Beziehung nach.
Vielleicht schaffe ich es damit ins Guinnessbuch der Rekorde. Abteilung »kürzeste Zeit, die ein Pärchen miteinander gegangen ist«: Lena und Kai, die genau fünf Minuten zusammen waren.
Dann hätte sich die ganze Sache wenigstens gelohnt.

12. Kapitel
Jetzt geht's los
Die letzte Woche war echt die Hölle.
Warum? Hat doch Spaß gemacht!
Wem?
Mir! Und es hätte schlimmer kommen können.
Unmöglich.
Schlimmer geht immer.
Zum Beispiel, wenn das kein Teich, sondern ein Hafenbecken gewesen wäre.
Dann wärst du jetzt schon fast in Amerika.
Unsinn, hier gibt's gar kein Meer.
Aber wenn.

Oder wenn »Romeo und Julia« live in der Glotze gezeigt worden wäre.
Dann könntest du dich nirgendwo mehr blicken lassen.
Wurde es aber nicht.
Hätte aber!
Oder die Bullen. Die hätten dich auch für zwanzig Jahre einbuchten können.
Dann hättest du jetzt viel, viel Zeit.
Haben sie aber nicht.
Könnten sie aber.
Und auf dem Kostümfest. Wenn du Lena und nicht Anna geküsst hättest, wärt ihr jetzt ein Paar.
Ja und?
Dann müsstest du ständig Händchen halten.

Und shoppen gehen.
Und mit ihren Eltern Kaffee trinken.
Hätte alles passieren können.
Du meinst, ich habe sogar noch mal Glück gehabt?
Verdammt viel Glück sogar.
Vor allem, weil du mich hast.
Und weißt du, was das Beste ist?
Nein, sag's mir.
Wir fangen gerade erst an, so richtig Spaß zu haben.